1日10分、初めての日本語の文法

기초 문법부터 JLPT 필수 문법까지 한 권으로 끝내는

하루 10분 처음 일본어

문법

Japanese

시원스쿨어학연구소 지음

S 시원스쿨닷컴

하루 10분
처음 일본어
문법

초판 1쇄 발행 2025년 5월 27일

지은이 시원스쿨어학연구소
펴낸곳 (주)에스제이더블유인터내셔널
펴낸이 양홍걸 이시원

홈페이지 japan.siwonschool.com
주소 서울시 영등포구 영신로 166 시원스쿨
교재 구입 문의 02)2014-8151
고객센터 02)6409-0878

ISBN 979-11-6150-981-5 13730
Number 1-311301-26269900-02

이 책은 저작권법에 따라 보호받는 저작물이므로 무단복제와 무단전재를 금합니다. 이 책 내용의 전부 또는 일부를 이용하려면 반드시 저작권자와 ㈜에스제이더블유인터내셔널의 서면 동의를 받아야 합니다.

기초 문법부터 **JLPT 필수 문법**까지 한 권으로 끝내는

하루 10분
처음 일본어

문법

Japanese

시원스쿨어학연구소 지음

이 책의 구성과 특징

핵심 포인트

기초 문법부터 JLPT 필수 문법까지 핵심만 뽑아 포인트별로 정리하였어요.
주요 문법을 한눈에 보기 쉽게 도식으로 정리하여 일본어 문법을 처음 공부하는 학습자들도 쉽고 빠르게 이해할 수 있어요.

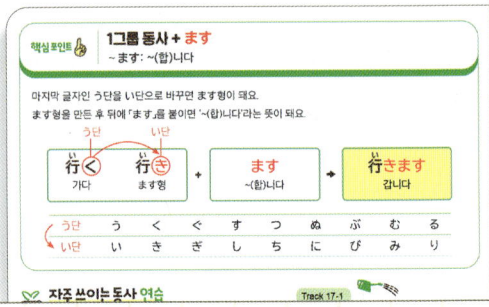

자주 쓰이는 예문 연습

실제 회화에서 자주 쓰이는 예문을 제시하여 학습한 문법을 확실하게 익힐 수 있어요.

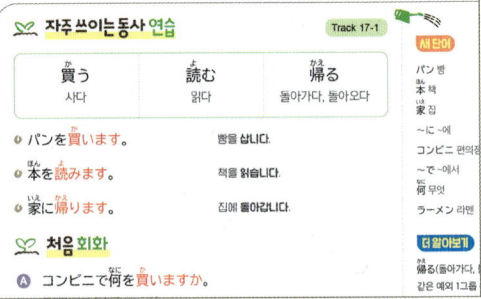

처음 회화

학습한 문법을 활용한 AB 대화문이 담겨있어요. 원어민 MP3를 들으며 실전 회화까지 생생하게 연습할 수 있어요.

실력 다지기

각 챕터에서 학습한 내용을 한 번에 점검할 수 있는 연습 문제예요. 문제를 풀며 문법 개념을 얼마나 잘 이해했는지 확인하고 복습할 수 있어요.

JLPT 기출 변형 맛보기

JLPT 시험의 문법 문제가 수록되어 있어요. 학습한 문법을 복습하며 JLPT 시험까지 대비할 수 있어요.

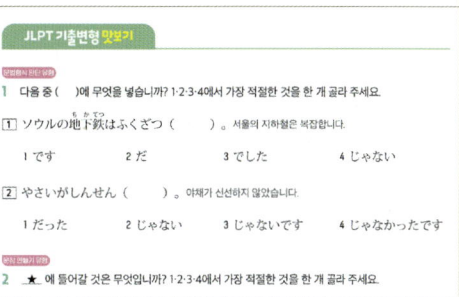

중간 평가

10과에 한 번씩 중간 평가가 들어가 있어요. 학습 이후 시간이 조금 지난 시점에서 다시 한 번 실력을 점검하며 학습한 내용을 더욱 확실하게 내 것으로 만들 수 있어요.

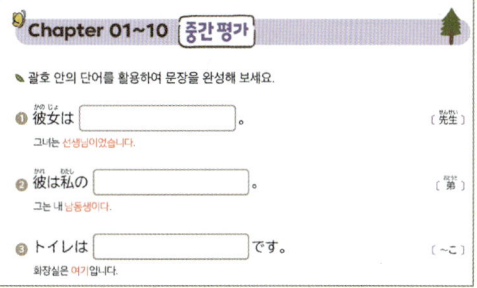

핵심 문법 쓰기 노트

이 책에서 다루는 모든 문법을 한 번에 복습할 수 있는 쓰기 노트를 제공해요. 문장을 직접 따라 쓰며 앞에서 배운 문법을 총정리할 수 있어요.

무료 학습 자료

① 원어민 MP3 음원
이 책에 수록된 모든 예문에 원어민 MP3 음원을 제공해요.

② 동사 활용표
앞에서 익힌 동사 활용을 한 눈에 보며 수시로 복습할 수 있어요.

③ 중간고사·기말고사 복습 테스트 PDF
복습 테스트를 통해 부족한 부분을 확실하게 파악하고 헷갈리는 부분은 다시 한번 보완할 수 있어요.

④ JLPT N5·N4 문법 문제&정답 PDF
JLPT 문제를 맛보기로 풀어보며 최종적으로 실력을 점검할 수 있어요.

원어민 MP3 음원, 중간고사·기말고사 복습 테스트 PDF, JLPT N5·N4 문법 문제&정답 PDF는
시원스쿨 일본어(japan.siwonschool.com) 홈페이지 접속>학습지원센터>공부자료실에서 다운로드 가능합니다.

이 책의 목차

Chapter 01	명사 정중형(존댓말) 마스터하기 ①	8
Chapter 02	명사 보통형(반말) 마스터하기 ②	14
Chapter 03	지시 대명사 이·그·저·어느에 해당하는 こ・そ・あ・ど	20
Chapter 04	존재 동사(있다, 없다) 마스터하기 ①	26
Chapter 05	존재 동사(있다, 없다) 마스터하기 ②	32
Chapter 06	숫자가 들어가는 여러가지 표현(시간·개수·인원수)	38
Chapter 07	날짜 표현(월·일·요일)	44
Chapter 08	마지막 글자가 い로 끝나는 い형용사 ①	50
Chapter 09	마지막 글자가 い로 끝나는 い형용사 ②	56
Chapter 10	마지막 글자가 い로 끝나는 い형용사 ③	62
Chapter 01~10	중간평가·핵심 문장 연습	68
Chapter 11	마지막 글자가 だ로 끝나는 な형용사 ①	70
Chapter 12	마지막 글자가 だ로 끝나는 な형용사 ②	76
Chapter 13	마지막 글자가 だ로 끝나는 な형용사 ③	82
Chapter 14	앞에 조사 を 대신 が를 써야 하는 な형용사	88
Chapter 15	명사·い형용사·な형용사 뒤에 쓸 수 있는 여러가지 조사	94
Chapter 16	일본어 동사 익히기	100
Chapter 17	존댓말을 만들 때 쓸 수 있는 동사 ます형 ①	106
Chapter 18	존댓말을 만들 때 쓸 수 있는 동사 ます형 ②	112
Chapter 19	동사 ます형과 함께 쓸 수 있는 표현 ①	120
Chapter 20	동사 ます형과 함께 쓸 수 있는 표현 ②	128
Chapter 11~20	중간평가·핵심 문장 연습	134

Chapter 21	'~(하)고, ~(해)서'라는 의미의 동사 て형	136
Chapter 22	동사 て형, ます형과 함께 쓸 수 있는 부탁 표현	144
Chapter 23	'~(했)다'라는 의미의 동사 た형	150
Chapter 24	동사 た형과 함께 쓸 수 있는 표현	158
Chapter 25	부정형을 만들 때 쓸 수 있는 동사 ない형	164
Chapter 26	명사, な형용사, い형용사와 함께 쓸 수 있는 변화 표현	172
Chapter 27	'~(해)라'라는 의미의 명령형 · '~(하)지 마라'라는 의미의 금지형	178
Chapter 28	'~(해)야지, ~(하)자'라는 의미의 의지형	184
Chapter 29	'~(할) 생각이다'라는 의미의 つもりだ · '~(할) 예정이다'라는 의미의 予定(よてい)だ	192
Chapter 30	'~(할) 수 있다'라는 의미의 가능형	198
Chapter 21~30	중간평가 · 핵심 문장 연습	204

모범 답안 208

부록

동사 활용표 236
핵심 문법 쓰기 노트 242

처음 일본어 문법

명사 정중형(존댓말) 마스터하기 ①

명사란 사람이나 물건 등을 지칭하는 품사예요.
이번 챕터에서는 명사 단어 뒤에 무언가를 붙여서
①정중형 현재긍정(~입니다), ②정중형 과거긍정(~이었습니다), ③정중형 현재부정(~이(가) 아닙니다),
④정중형 과거부정(~이(가) 아니었습니다)을 만드는 방법에 대해 배워봅시다.

핵심 포인트 | 명사의 정중형(존댓말) 현재긍정
~です : ~입니다

명사 단어 뒤에 です를 붙이면 '~입니다'라는 뜻이 돼요.

| 学生(がくせい) 학생 | + | です ~입니다 | → | 学生です(がくせいです) 학생입니다 |

자주 쓰이는 명사 연습 Track 01-1

| 大学生(だいがくせい) 대학생 | 会社員(かいしゃいん) 회사원 | 先生(せんせい) 선생님 |

새 단어
弟(おとうと) 남동생
私(わたし) 저, 나
父(ちち) 아버지, 아빠
~さん ~씨

- 弟(おとうと)は大学生(だいがくせい)です。 남동생은 **대학생입니다**.
- 私(わたし)は会社員(かいしゃいん)です。 저는 **회사원입니다**.
- 父(ちち)は先生(せんせい)です。 아버지는 **선생님입니다**.

처음 회화

Ⓐ キムさんは大学生(だいがくせい)ですか。
   김 씨는 **대학생입니까?**

Ⓑ いいえ、会社員(かいしゃいん)です。
   아니요, **회사원입니다**.

더 알아보기

です뒤에 か를 붙이면 **의문문**이 됩니다.
예)
バリスタです。
바리스타입니다.
バリスタですか。
바리스타입니까?

핵심 포인트 ✌ 명사의 정중형(존댓말) 과거긍정
~でした: ~이었습니다, ~였습니다

명사 단어 뒤에 でした를 붙이면 '~이었습니다, ~였습니다'라는 뜻이 돼요.

| 学생(がくせい) 학생 | + | でした ~이었습니다, ~였습니다 | → | 学生(がくせい)でした 학생이었습니다 |

🌱 자주 쓰이는 명사 연습

| 休(やす)み 휴일 | 誕生日(たんじょうび) 생일 | 高校生(こうこうせい) 고등학생 |

- 昨日(きのう)は休(やす)みでした。 어제는 **휴일이었습니다**.
- 私(わたし)の誕生日(たんじょうび)でした。 저의 **생일이었습니다**.
- 去年(きょねん)まで高校生(こうこうせい)でした。 작년까지 **고등학생이었습니다**.

새 단어
昨日(きのう) 어제
去年(きょねん) 작년
～まで ~까지

🌱 처음 회화

Ⓐ 昨日(きのう)、誕生日(たんじょうび)でしたか。
   어제, **생일이었습니까**?

Ⓑ はい、誕生日(たんじょうび)でした！
   네, **생일이었습니다**!

더 알아보기
일본어에서는 존댓말을 정중형(丁寧刑(ていねいけい)), 반말을 보통형(普通刑(ふつうけい))이라고 표현합니다.

핵심 포인트 명사의 정중형(존댓말) 현재부정
じゃ(=では)ないです、じゃ(=では)ありません: ~이(가) 아닙니다

명사 단어 뒤에 じゃ(=では)ないです 또는 じゃ(=では)ありません을 붙이면 '~이(가) 아닙니다'라는 뜻이 돼요.

学生(학생) + [じゃないです / では] [じゃありません / では] (~이(가) 아닙니다) → 学生[じゃないです / では] 学生[じゃありません / では] (학생이 아닙니다)

자주 쓰이는 명사 연습

韓国人 (かんこくじん)	日本人 (にほんじん)	中国人 (ちゅうごくじん)
한국인	일본인	중국인

- 彼は韓国人じゃないです。 그는 한국인이 아닙니다.
- 彼女は日本人ではないです。 그녀는 일본인이 아닙니다.
- 私は中国人じゃありません。 저는 중국인이 아닙니다.

처음 회화

A 日本人じゃないですか。
일본인이 아닙니까?

B はい、日本人じゃないです。韓国人です。
네, 일본인이 아닙니다. 한국인입니다.

새 단어
彼(かれ) 그
彼女(かのじょ) 그녀

더 알아보기
ないです와 ありません의 차이
ありません이 ないです보다 조금 더 정중한 표현입니다.

핵심포인트 7 | 명사의 정중형(존댓말) 과거부정
~じゃ(=では)なかったです、~じゃ(=では)ありませんでした
: ~이(가) 아니었습니다

명사 단어 뒤에 じゃ(=では)なかったです 또는 じゃ(=では)ありませんでした를 붙이면 '~이(가) 아니었습니다'라는 뜻이 돼요.

学生(がくせい)
학생
+
じゃなかったです / では
じゃありませんでした / では
~이(가) 아니었습니다

→

学生(がくせい) じゃなかったです / では
学生(がくせい) じゃありませんでした / では
학생이 아니었습니다

🌱 자주 쓰이는 명사 연습

コーヒー	テスト	かばん
커피	시험, 테스트	가방

새 단어
これ 이것
昨日(きのう) 어제
今日(きょう) 오늘
明日(あした) 내일

● これはコーヒーじゃなかったです。   이것은 **커피가 아니었습니다**.

● 昨日(きのう)はテストではなかったです。   어제는 **시험이 아니었습니다**.

● 私(わたし)のかばんじゃありませんでした。   저의 **가방이 아니었습니다**.

🌱 처음 회화

Ⓐ 今日(きょう)はテストじゃなかったですか。
   오늘은 **시험이 아니었습니까?**

Ⓑ はい、明日(あした)がテストです。
   네, 내일이 시험입니다.

 **다지기**

1 다음 제시된 명사에 「です」、「でした」、「じゃないです」를 붙여 표를 채워보세요.

	~です ~입니다	~でした ~이었습니다	~じゃないです ~이(가) 아닙니다
大学生 대학생	①	②	③
高校生 고등학생	④	⑤	⑥
中学生 중학생	⑦	⑧	⑨

2 다음 문장에서 빈 칸에 들어갈 말을 써 보세요.

❶ あそこは（　　　　　　　　　）。
저기는 화장실이 아니었습니다. 💡トイレ 화장실

❷ 木村さんの（　　　　　　　　　）。
기무라 씨의 책입니다. 💡本 책

❸ ノートは（　　　　　　　　　）。
노트는 100엔이었습니다. 💡100円 100엔

❹ 私の（　　　　　　　　　）。
저의 지갑이 아니었습니다. 💡さいふ 지갑

❺ 二人は（　　　　　　　　　）。
두 사람은 형제가 아닙니다. 💡兄弟 형제

새 단어

あそこ 저기, 저곳 | ノート 노트 | 二人 두 사람 | ここ 여기 | もともと 원래 | 学校 학교 | 今 지금 | 医者 의사 | むすこ 아들 | ~年生 ~학년 | 小学校 초등학교 | ことば 말 | うそ 거짓말

3 다음 문장을 일본어로 작성해 보세요.

① _____。 💡 父 아버지, 先生 선생님

아버지는 선생님입니다.

② _____。 💡 昨日 어제, 休み 휴일

어제는 휴일이었습니다.

③ _____。 💡 彼女 그녀, 日本人 일본인

그녀는 일본인이 아닙니다.

JLPT 기출변형 맛보기

문법형식 판단 유형

1 다음 중 ( )에 무엇을 넣습니까? 1·2·3·4에서 가장 적절한 것을 한 개 골라 주세요.

① ここはもともと学校（　　　）。 여기는 원래 학교였습니다.

　1 です　　　　2 じゃなかったです　3 じゃないです　　4 でした

② 今は医者（　　　）。 지금은 의사가 아닙니다.

　1 じゃありません　2 じゃない　　　3 でした　　　　4 じゃなかったです

문장 만들기 유형

2 ★ 에 들어갈 것은 무엇입니까? 1·2·3·4에서 가장 적절한 것을 한 개 골라 주세요.

① むすこ ____ ____ ★ ____ 。 아들은 초등학교 2학년입니다.

　1 2年生　　　　2 は　　　　　　3 です　　　　　4 小学校

② 彼のことば ____ ★ ____ ____ です。 그의 말은 거짓말이 아니었습니다.

　1 なかった　　　2 うそ　　　　　3 じゃ　　　　　4 は

명사 보통형(반말) 마스터하기 ②

지난 챕터에서는 명사의 정중형(존댓말) 표현을 배웠었지요.
이번 챕터에서는 명사 단어 뒤에 무언가를 붙여서
①보통형 현재긍정(~다), ②보통형 과거긍정(~이었다), ③보통형 현재부정(~이(가) 아니다),
④보통형 과거부정(~이(가) 아니었다)을 만드는 방법에 대해 배워봅시다.

핵심포인트 👆 명사의 보통형(반말) 현재긍정
~だ: ~다, ~이다

명사 단어 뒤에 だ를 붙이면 '~다, ~이다'라는 뜻이 돼요.

| 学生(がくせい) 학생 | + | だ ~다, ~이다 | → | 学生だ(がくせい) 학생이다 |

🌱 자주 쓰이는 명사 연습   Track 02-1

| 友(とも)だち 친구 | 彼氏(かれし) 남자 친구 | 彼女(かのじょ) 여자 친구, 그녀 |

- 私(わたし)の友(とも)だちだ。 나의 **친구다**.
- 山田(やまだ)さんの彼氏(かれし)だ。 야마다 씨의 **남자 친구다**.
- 中村(なかむら)さんの彼女(かのじょ)だ。 나카무라 씨의 **여자 친구다**.

새 단어
私(わたし) 나, 저
~さん ~씨
~ちゃん 사람 이름 뒤에 붙여서 친근감을 주는 호칭(~さん보다 다정한 호칭)

🌱 처음 회화

A ゆきちゃんの友(とも)だちなの？
유키짱의 **친구야**?

B うん、私(わたし)の友(とも)だち！
응, 내 친구!

더 알아보기
명사 단어의 마지막 글자의 음을 올려 말하거나 단어 뒤에 なの를 붙이면 **의문문**이 됩니다.

예)
友(とも)だち→ 친구
友(とも)だち↗? 친구야?
友(とも)だちなの？ 친구야?

핵심 포인트 ✌ 명사의 보통형(반말) 과거긍정
~だった: ~이었다, ~였다

명사 단어 뒤에 だった를 붙이면 '~이었다, ~였다'라는 뜻이 돼요.

| 学生
がくせい
학생 | + | だった
~이었다, ~였다 | ➡ | 学生だった
がくせい
학생이었다 |

🌱 자주 쓰이는 명사 연습

| 会議
かいぎ
회의 | 飲み会
のかい
회식 | 出張
しゅっちょう
출장 |

- 一日中、会議だった。 하루 종일, **회의였다**.
- 昨日は飲み会だった。 어제는 **회식이었다**.
- 先週は出張だった。 지난주는 **출장이었다**.

🌱 처음 회화

A 昨日テストだったの？
어제 **시험이었어**?

B ううん、テストは一昨日だった。
아니, 시험은 **그저께였어**.

새 단어
- 一日中(いちにちじゅう) 하루 종일
- 昨日(きのう) 어제
- 先週(せんしゅう) 지난주
- テスト 시험
- ううん 아니
- 一昨日(おととい) 그저께

더 알아보기
~だった에서 마지막 글자의 음을 올려 말하거나 뒤에 の를 붙이면 **의문문**이 됩니다.

예

テストだった↘.
시험이었다.

テストだった↗?
시험이었어?

テストだったの？
시험이었어?

핵심 포인트 | 명사의 보통형(반말) 현재부정
~じゃ(=では)ない: ~이(가) 아니다

명사 단어 뒤에 じゃ(=では)ない를 붙이면 '~이(가) 아니다'라는 뜻이 돼요.

```
学生          +    じゃない / では       →    学生 じゃない / では
학생               ~이(가) 아니다              학생이 아니다
```

🌱 자주 쓰이는 명사 연습

夫	妻	夫婦
남편	아내	부부

- 私の夫じゃない。 　　　　　나의 **남편이 아니다**.
- あの人は妻じゃない。 　　　저 사람은 **아내가 아니다**.
- 二人は夫婦ではない。 　　　두 사람은 **부부가 아니다**.

🌱 처음 회화

A これ、田中さんのかばん？
이거, 다나카 씨의 가방이야?

B ううん、私のじゃない。
아니, 나의 것이 아니야.

새 단어

あの 저
人 사람
二人 두 사람
これ 이거, 이것
かばん 가방

더 알아보기

~の는 '~의'라는 의미 외에 '**~의 것**'이라는 의미로도 자주 사용됩니다.

예

1. ~의
田中さんのかばん
다나카 씨의 가방

2. ~의 것
私のじゃない
나의 것이 아니다

핵심포인트: 명사의 보통형(반말) 과거부정
~じゃ(=では)なかった: ~이(가) 아니었다

명사 단어 뒤에 じゃ(=では)なかった를 붙이면 '~이(가) 아니었다'라는 뜻이 돼요.

学生 (がくせい) 학생 + じゃなかった / では ~이(가) 아니었다 → 学生じゃなかった / では 학생이 아니었다

🌱 자주 쓰이는 명사 연습

| 車 (くるま) 차, 자동차 | 宿題 (しゅくだい) 숙제 | 医者 (いしゃ) 의사 |

- 父の車じゃなかった。 　　　아버지의 **차가 아니었다**.
- ここは宿題ではなかった。 　　여기는 **숙제가 아니었다**.
- 私のゆめは医者じゃなかった。 나의 꿈은 **의사가 아니었다**.

새 단어
父(ちち) 아버지, 아빠
ここ 여기, 이곳
ゆめ 꿈
韓国人(かんこくじん) 한국인
日本人(にほんじん) 일본인

🌱 처음 회화

Ⓐ あの人、韓国人だった？
　 저 사람, 한국인이었어?

Ⓑ ううん、韓国人じゃなかった。日本人だった。
　 아니, **한국인이 아니었어**. 일본인이었어.

 다지기

1 다음 제시된 명사에 「だった」、「じゃない」、「じゃなかった」를 붙여 표를 채워보세요.

	~だった ~이었다, ~였다	~じゃない ~이(가) 아니다	~じゃなかった ~이(가) 아니었다
コーヒー 커피	①	②	③
先生 선생님	④	⑤	⑥
宿題 숙제	⑦	⑧	⑨

2 다음 문장에서 빈 칸에 들어갈 말을 써 보세요.

❶ 今日の昼ごはんは（　　　　　　　　）。
오늘 점심은 파스타였다.　　　　　　　💡パスタ 파스타

❷ そこは（　　　　　　　　）。
거기는 입구가 아니다.　　　　　　　💡入口 입구

❸ 夫は（　　　　　　　　）。
남편은 외국인이다.　　　　　　　💡外国人 외국인

❹ これは（　　　　　　　　）。
이것은 소금이 아니었다.　　　　　　　💡しお 소금

❺ 兄は（　　　　　　　　）。
형은 회사원이 아니다.　　　　　　　💡会社員 회사원

새 단어

今日 오늘 | 昼ごはん 점심, 점심밥 | そこ 거기, 그곳 | 夫 남편 | これ 이것 | 兄 형 | むすこ 아들 | 小学校 초등학교 | ~年生 ~학년
くつ 신발, 구두 | 誕生日 생일 | その 그 | 歌手 가수 | アメリカ人 미국인 | 日本人 일본인

3 다음 문장을 일본어로 작성해 보세요.

❶ _____。   💡私 나, 友だち 친구

나의 친구다.

❷ _____。   💡昨日 어제, 飲み会 회식

어제는 회식이었다.

❸ _____。   💡父 아버지, 車 차, 자동차

아버지의 차가 아니었다.

JLPT 기출변형 맛보기

문법형식 판단 유형

1 다음 중 ( )에 무엇을 넣습니까? 1·2·3·4에서 가장 적절한 것을 한 개 골라 주세요.

1 むすこは小学校1年生（　　　）。 아들은 초등학교 1학년이다.

　1 じゃない　　　　2 です　　　　3 だった　　　　4 だ

2 私のくつ（　　）。 내 신발이 아니었다.

　1 じゃなかったです　2 じゃなかった　3 じゃない　4 だった

문장 만들기 유형

2 ★ 에 들어갈 것은 무엇입니까? 1·2·3·4에서 가장 적절한 것을 한 개 골라 주세요.

1 田中さんの ____ ____ ★ ____ 。 다나카 씨의 생일은 어제였다.

　1 だった　　　　2 誕生日　　　　3 昨日　　　　4 は

2 その歌手は ____ ____ ★ ____ 。 그 가수는 일본인이 아니다. 미국인이다.

　1 アメリカ人　　2 日本人　　　3 だ　　　　4 じゃない

Chapter 03

지시 대명사 이·그·저·어느에 해당하는 こ・そ・あ・ど

이번 챕터에서는 이·그·저·어느와 같이 무언가를 가리킬 때 쓸 수 있는 こ・そ・あ・ど에 대해 배워봅시다.

핵심 포인트 👉 이것, 그것, 저것, 어느 것
~れ

앞에 こ가 들어가면 이, そ가 들어가면 그, あ가 들어가면 저, ど가 들어가면 어느라는 의미예요. 각각의 뒤에 れ를 붙이면 이것, 그것, 저것, 어느 것이 돼요.

こ 이 そ 그 あ 저 ど 어느	+ れ →	これ 이것 それ 그것 あれ 저것 どれ 어느 것

🌱 자주 쓰이는 예문 연습

 Track 03-1

- (レストランで) これください。
  〔음식점에서〕 **이것** 주세요.
- それは木村(きむら)さんのケータイです。
  그것은 기무라 씨의 휴대 전화입니다.
- あれは何(なん)ですか。
  저것은 무엇입니까?
- 森(もり)さんのくつはどれですか。
  모리 씨의 신발은 **어느 것**입니까?

🌱 처음 회화

A これは誰(だれ)のかばんですか。
이것은 누구의 가방입니까?

B それは山田(やまだ)さんのかばんです。
그것은 야마다 씨의 가방입니다.

새 단어

レストラン 음식점, 레스토랑
~ください ~주세요
ケータイ 휴대 전화
何(なん) 무엇
~の ~의
くつ 신발, 구두
誰(だれ) 누구

더 알아보기

これ, それ, あれ, どれ 뒤에 だ를 붙이면 반말(~다), です를 붙이면 존댓말(~입니다)이 돼요.

 예

これだ 이것이다
これです 이것입니다

핵심 포인트 | 이곳, 그곳, 저곳, 어느 곳
~こ

こ・そ・あ・ど 각각의 뒤에 こ를 붙이면 이곳, 그곳, 저곳, 어느 곳이 돼요.
주의할 점은 あ뒤에는 こ가 아닌 そこ를 붙여야 한다는 점이에요.

こ 이		ここ 이곳, 여기
そ 그		そこ 그곳, 거기
あ 저	+ こ →	あそこ 저곳, 저기
ど 어느		どこ 어느 곳, 어디

🌱 자주 쓰이는 예문 연습

- ここはまだ冬だ。
  이곳은 아직 겨울이다.

- そこは私の席です。
  거기는 저의 자리입니다.

- あそこは図書館だ。
  저기는 도서관이다.

- 英語の教室はどこですか。
  영어 교실은 어디입니까?

새 단어

まだ 아직
冬(ふゆ) 겨울
席(せき) 자리
図書館(としょかん) 도서관
英語(えいご) 영어
教室(きょうしつ) 교실
トイレ 화장실

🌱 처음 회화

A すみません、トイレはどこですか。
실례합니다, 화장실은 어디입니까?

B あそこです。
저기입니다.

더 알아보기

일본어에서는 **명사와 명사 단어를 붙여서 말할 때** 중간에 の를 넣는 경우가 많아요.

예
英語(영어)+教室(교실)
→英語の教室 영어 교실

Chapter 03 지시 대명사 이·그·저·어느에 해당하는 こ·そ·あ·ど

핵심포인트

이쪽, 그쪽, 저쪽, 어느 쪽
~ちら、~っち

こ・そ・あ・ど 각각의 뒤에 ちら 또는 っち를 붙이면 이쪽, 그쪽, 저쪽, 어느 쪽이 돼요.

こ 이			こちら/こっち 이쪽
そ 그	+	ちら/っち →	そちら/そっち 그쪽
あ 저			あちら/あっち 저쪽
ど 어느			どちら/どっち 어느쪽

🌱 자주 쓰이는 예문 연습

- こちらは私(わたし)の夫(おっと)です。
  이쪽은 저의 남편입니다.

- そっちには飲(の)み物(もの)がない。
  그쪽에는 음료가 없다.

- エレベーターはあっちです。
  엘리베이터는 저쪽입니다.

- 駅(えき)はどちらですか。
  역은 어느 쪽입니까?

🌱 처음 회화

A 1番(いちばん)と2番(にばん)、どっちがいい？
1번과 2번, 어느 쪽이 좋아?

B 1番(いちばん)！
1번!

새 단어

夫(おっと) 남편

~には ~에는

飲(の)み物(もの) 음료

ない 없다

エレベーター 엘리베이터

駅(えき) 역

~番(ばん) ~번

~と ~와(과)

いい 좋다

더 알아보기

~ちら와 ~っち의 차이

~ちら는 정중한 느낌,
~っち는 캐쥬얼하고 가벼운
느낌의 표현이에요.

핵심 포인트 | 이+명사, 그+명사, 저+명사, 어느+명사
~の

こ・そ・あ・ど 각각의 뒤에 の를 붙이면 뒤에 오는 명사를 수식할 수 있는 이, 그, 저, 어느가 돼요.

| こ 이
そ 그
あ 저
ど 어느 | + の → | この～ 이~
その～ 그~
あの～ 저~
どの～ 어느~ |

🌱 자주 쓰이는 예문 연습

- この自転車は森さんのです。
  이 자전거는 모리 씨의 것입니다.

- その日は母の誕生日だ。
  그 날은 엄마의 생일이다.

- あの方が社長だ。
  저 분이 사장님이다.

- どの色がいい？
  어느 색이 좋아?

🌱 처음 회화

A このノートはいくらですか。
이 노트는 얼마입니까?

B そのノートは100円です。
그 노트는 100엔입니다.

새 단어

自転車 자전거
~の ~의 것
日 날
母 엄마, 어머니
誕生日 생일
方 분
社長 사장님
色 색
ノート 노트
いくら 얼마
円 엔(일본의 화폐 단위)

더 알아보기

일본어로 숫자 100(百)은 ひゃく라고 해요.

 **다지기**

1 다음 제시된 글자에 「れ」, 「こ」, 「ちら/っち」, 「の」를 붙여 표를 채워보세요.

	~れ ~것	~こ ~곳	~ちら/~っち ~쪽	~の (⊕명사)
こ 이	これ 이것	①	②	この 이
そ 그	③	そこ 그곳, 거기	そちら/そっち 그쪽	④
あ 저	あれ 저것	⑤	⑥	⑦
ど 어느	⑧	どこ 어느 곳, 어디	⑨	⑩

2 다음 문장에서 빈 칸에 들어갈 말을 써 보세요.

❶ (　　　　　　　　　) は私のペンです。
그것은 저의 펜입니다.

❷ (　　　　　　　　　) スニーカーはいくらですか。
이 운동화는 얼마입니까?

❸ 木村さんの家は (　　　　　　　) ですか。
기무라 씨의 집은 어느 쪽입니까?

❹ トイレは (　　　　　　　) ですか。
화장실은 어디입니까?

❺ (　　　　　　　) 方が先生だ。
저 분이 선생님이다.

새 단어

ペン 펜 | スニーカー 운동화 | いくら 얼마 | 家 집 | トイレ 화장실 | 方 분 | 先生 선생님 | 色 색 | 人気 인기 | デパート 백화점 | 今日 오늘 | おすすめ 추천 | メニュー 메뉴 | セール 세일 | ~中 ~중 | 今 지금 | 服 옷

3 다음 문장을 일본어로 작성해 보세요.

① _____。　💡何 무엇

저것은 무엇입니까?

② _____。　💡私 저, 席 자리

거기는 저의 자리입니다.

③ _____。　💡夫 남편

이쪽은 저의 남편입니다.

JLPT 기출변형 맛보기

문법형식 판단 유형

1 다음 중 (　　)에 무엇을 넣습니까? 1·2·3·4에서 가장 적절한 것을 한 개 골라 주세요.

1 (　　) 色が人気ですか。 어느 색이 인기입니까?

　1 あの　　　2 どの　　　3 この　　　4 その

2 デパートは (　　) です。 백화점은 저쪽입니다.

　1 あちら　　2 あの　　　3 そちら　　4 その

문장 만들기 유형

2 ★ 에 들어갈 것은 무엇입니까? 1·2·3·4에서 가장 적절한 것을 한 개 골라 주세요.

1 今日のおすすめの ____ ____ ★ ____ 。 오늘의 추천 메뉴는 이것입니다.

　1 は　　　　2 です　　　3 メニュー　4 これ

2 ____ ★ ____ ____ セール中です。 그 옷은 지금 세일 중입니다.

　1 は　　　　2 その　　　3 今　　　　4 服

존재 동사(있다, 없다) 마스터하기 ①

일본어에서는 무언가가 '있다'라고 할 때 ある, いる 두 가지로 구분해서 말해요.
사물이나 식물 등과 같이 '움직이지 않는 것'이 있을 때는 ある,
사람이나 동물 등과 같이 '움직이는 것'이 있을 때는 いる라고 해요.
이번 챕터에서는 ある와 그와 관련된 표현들을 배워봅시다.

핵심 포인트 | **(움직이지 않는 것이) 있다**
ある

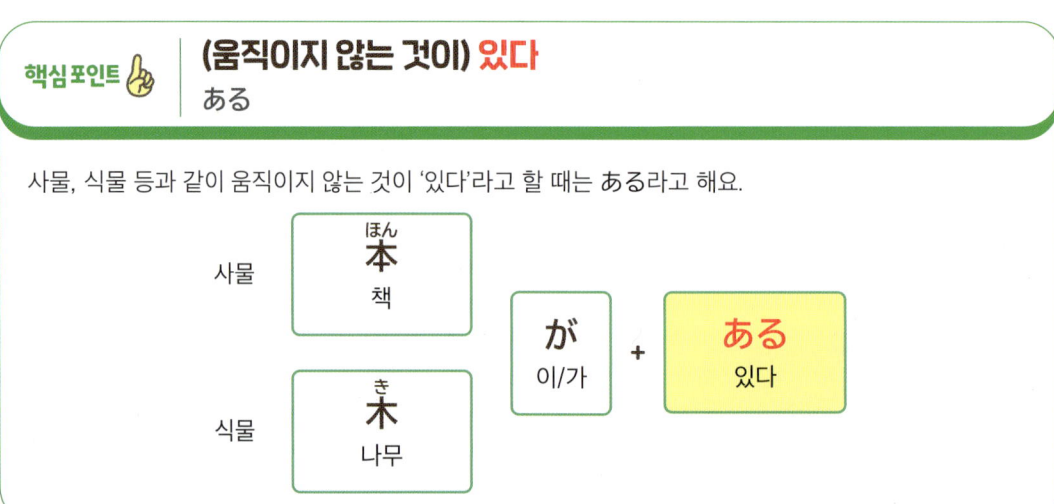

사물, 식물 등과 같이 움직이지 않는 것이 '있다'라고 할 때는 ある라고 해요.

자주 쓰이는 예문 연습

Track 04-1

- つくえが ある。 책상이 **있다**.
- いすが ある。 의자가 **있다**.
- ペンが ある。 펜이 **있다**.
- 花が ある。 꽃이 **있다**.

처음 회화

A はこに 何が ある？
상자에 뭐가 **있어**?

B チョコレートが ある。
초콜릿이 **있어**.

새 단어

つくえ 책상
いす 의자
ペン 펜
花 꽃
はこ 상자
~に ~에
何 뭐, 무엇
チョコレート 초콜릿

더 알아보기

ある에서 마지막 글자의 음을 올려 말하면 **의문문**이 됩니다.

예
ある→。 있다.
ある↗? 있어?

핵심 포인트 — 위치 표현(위・아래/앞・뒤/안・밖)
上・下 / 前・後ろ / 中・外

위치 표현

上 うえ	下 した	前 まえ	後ろ うしろ	中 なか	外 そと
위	아래	앞	뒤	안	밖

위치 표현으로 문장 만들기
A (위·아래/앞·뒤/안·밖)에 B가 있다

| **Aの**
명사(의) | + | **위치 표현**
위·아래/앞·뒤/안·밖 | + | **に**
에 | + | **Bが**
명사이(가) | + | **ある**
있다 |

→ | 机の
つくえ
책상(의) | 上
うえ
위 | に
에 | ノートが
노트가 | ある
있다 |

*명사 단어와 위치 표현 사이에는 조사 の를 써서 연결해야 해요.
예) 책상 위: 机上(X) 机の上(O)
つくえうえ   つくえ うえ

🌱 자주 쓰이는 예문 연습

- テーブルの下にスリッパがある。   테이블 아래에 슬리퍼가 있다.
- 駅の前にコンビニがある。   역 앞에 편의점이 있다.
- かばんの中に財布がある。   가방 안에 지갑이 있다.
- 教室の外にげた箱がある。   교실 밖에 신발장이 있다.

🌱 처음 회화

A ホテルの後ろに何がある？
호텔 뒤에 뭐가 있어?

B 銀行がある！
은행이 있어!

새 단어
- テーブル 테이블
- スリッパ 슬리퍼
- 駅(えき) 역
- コンビニ 편의점
- かばん 가방
- 財布(さいふ) 지갑
- 教室(きょうしつ) 교실
- げた箱(ばこ) 신발장
- ホテル 호텔
- 銀行(ぎんこう) 은행

핵심 포인트 | 존재 동사(있다, 없다)의 반말 표현
ある、ない、あった、なかった

(움직이지 않는 것이) 있다, 없다, 있었다, 없었다

	긍정	부정
현재형	ある 있다	ない 없다
과거형	あった 있었다	なかった 없었다

🌱 자주 쓰이는 예문 연습

- えんぴつが**ある**。 연필이 **있다**.
- 消しゴムが**ない**。 지우개가 **없다**.
- テーブルの上にコップが**あった**。 테이블 위에 컵이 **있었다**.
- エレベーターの中にかがみが**なかった**。
  엘리베이터 안에 거울이 **없었다**.

🌱 처음 회화

A かばんの中に何か**あった**？
   가방 안에 무언가 **있었어**?

B 何も**なかった**。
   아무것도 **없었어**.

새 단어
えんぴつ 연필
消しゴム 지우개
コップ 컵
エレベーター 엘리베이터
かがみ 거울
かばん 가방

더 알아보기
'何: 무엇'의 활용
何**が**: 무엇이
何**か**: 무엇인가(=무언가)
何**も**: 무엇도(=아무것도)

핵심 포인트  존재 동사(있다, 없다)의 존댓말 표현
あります、ありません、ありました、ありませんでした

(움직이지 않는 것이) 있습니다, 없습니다, 있었습니다, 없었습니다

	긍정	부정
현재형	あります 있습니다	ありません 없습니다
과거형	ありました 있었습니다	ありませんでした 없었습니다

자주 쓰이는 예문 연습

- ジュースがあります。
  주스가 **있습니다**.
- 牛乳(ぎゅうにゅう)がありません。
  우유가 **없습니다**.
- 学校(がっこう)の前(まえ)に本屋(ほんや)がありました。
  학교 앞에 서점이 **있었습니다**.
- ポケットの中(なか)にケータイがありませんでした。
  주머니 안에 휴대 전화가 **없었습니다**.

처음 회화

Ⓐ れいぞうこの中(なか)に卵(たまご)がありましたか。
   냉장고 안에 계란이 **있었습니까**?

Ⓑ いいえ、ありませんでした。
   아니요, **없었습니다**.

새 단어

ジュース 주스
牛乳(ぎゅうにゅう) 우유
学校(がっこう) 학교
本屋(ほんや) 서점
ポケット 주머니
ケータイ 휴대 전화
れいぞうこ 냉장고
卵(たまご) 계란

더 알아보기

あります、ありません、ありました、ありませんでした에서 마지막 글자 뒤에 か를 붙이면 **의문문**이 됩니다.
예)
あります。 있습니다.
あります**か**。 있습니까?

 **다지기**

1 다음 제시된 한국어에 해당하는 일본어 표현을 작성하여 표를 채워보세요.

		긍정	부정
반말	현재형	① 있다	② 없다
	과거형	③ 있었다	④ 없었다
존댓말	현재형	⑤ 있습니다	⑥ 없습니다
	과거형	⑦ 있었습니다	⑧ 없었습니다

2 다음 문장에서 빈 칸에 들어갈 말을 히라가나로 써 보세요.

❶ 傘が（　　　　　　　　　）。
우산이 없습니다.

❷ 車が（　　　　　　　　　）。
차가 있습니다.

❸ デパートが（　　　　　　　　　）。
백화점이 있었다.

❹ エレベーターが（　　　　　　　　　）。
엘리베이터가 없었습니다.

❺ 財布にお金が（　　　　　　　　　）。
지갑에 돈이 없었다.

새 단어

傘 우산 | 車 차, 자동차 | デパート 백화점 | エレベーター 엘리베이터 | 財布 지갑 | お金 돈 | 庭 정원 | 花 꽃 | 教室 교실
ごみばこ 쓰레기통 | テーブル 테이블 | お皿 접시 | 学校 학교 | 桜の木 벚나무

3 다음 문장을 일본어로 작성해 보세요.

① _____。　💡つくえ 책상

책상이 있다.

② _____。　💡消しゴム 지우개

지우개가 없다.

③ _____。　💡学校 학교, 本屋 서점

학교 앞에 서점이 있었습니다.

JLPT 기출변형 맛보기

문법형식 판단 유형

1 다음 중 (　　)에 무엇을 넣습니까? 1·2·3·4에서 가장 적절한 것을 한 개 골라 주세요.

1 庭に花が（　　）。 정원에 꽃이 없었다.

　1 ない　　　　2 ある　　　　3 なかった　　　　4 なかた

2 教室の（　　）にごみばこがある。 교실 뒤에 쓰레기통이 있다.

　1 外　　　　2 中　　　　3 下　　　　4 後ろ

문장 만들기 유형

2 ★ 에 들어갈 것은 무엇입니까? 1·2·3·4에서 가장 적절한 것을 한 개 골라 주세요.

1 テーブルの上に ____ ____ ★ ____ 。 테이블 위에 접시가 없었습니다.

　1 ありません　　2 が　　　　3 でした　　　　4 お皿

2 学校の ____ ★ ____ ____ あります。 학교 안에 벚나무가 있습니다.

　1 桜の木　　　　2 中　　　　3 が　　　　4 に

존재 동사(있다, 없다) 마스터하기 ②

지난 챕터에서는 '움직이지 않는 것'이 있을 때 사용할 수 있는 표현들을 배웠었지요.
이번 챕터에서는 '움직이는 것'이 있을 때 사용할 수 있는
いる와 그와 관련된 표현들을 배워봅시다.

핵심 포인트 👆 (움직이는 것이) 있다
いる

사람, 동물 등과 같이 움직이는 것이 '있다'라고 할 때는 いる라고 해요.

| 사람 | 先生(선생님) | | が (이/가) | + | いる (있다) |
| 동물 | ねこ(고양이) | | | | |

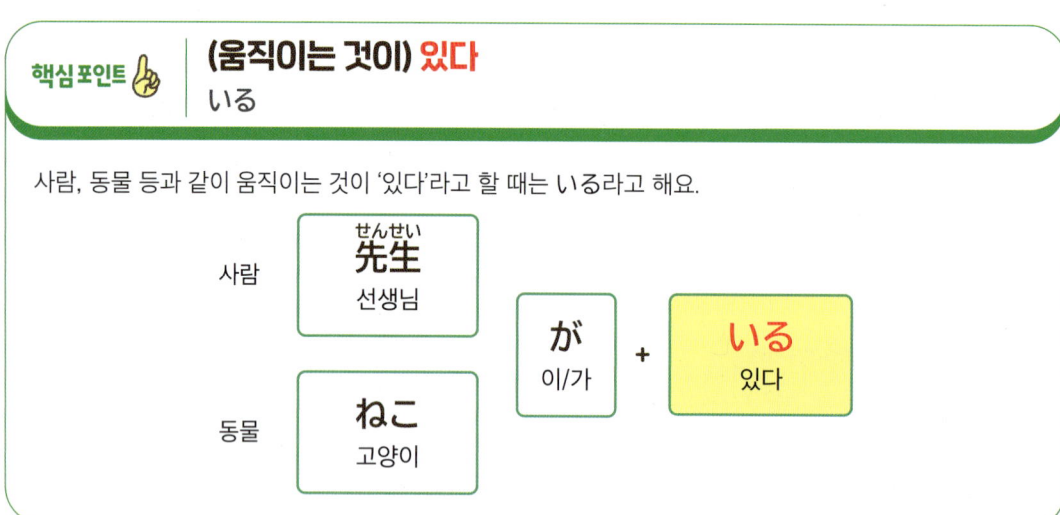

🌱 자주 쓰이는 예문 연습

Track 05-1

- 妹(いもうと)が いる。   여동생이 **있다**.
- 弟(おとうと)が いる。   남동생이 **있다**.
- 犬(いぬ)が いる。   강아지가 **있다**.
- うさぎが いる。   토끼가 **있다**.

🌱 처음 회화

Ⓐ 家(いえ)に 誰(だれ)が いる？
   집에 누가 **있어**?

Ⓑ 姉(あね)と 兄(あに)が いる。
   언니와 오빠가 **있어**.

새 단어
- 妹(いもうと) 여동생
- 弟(おとうと) 남동생
- 犬(いぬ) 강아지, 개
- うさぎ 토끼
- 家(いえ) 집
- 誰(だれ) 누구
- 姉(あね) 언니, 누나
- ～と ~와(과)
- 兄(あに) 오빠, 형

더 알아보기
いる에서 마지막 글자의 음을 올려 말하면 **의문문**이 됩니다.

핵심포인트 ✌ 위치 표현(옆/근처/사이)
横・隣・側 / 近く / 間
よこ となり そば / ちか / あいだ

위치 표현

横 よこ	隣 となり	側 そば	近く ちか	間 あいだ
옆			근처	사이

横・隣・側의 차이

• • • 주체 • • •

横 よこ: 수평·좌우 방향으로 나란히 있는 것

• • 주체 • •

隣 となり: 거리와 관계없이 가장 가까이에 있는 것

: 주체 :

側 そば: 거리적으로 가까이에 있는 것(주관적일 수 있음)

🌱 자주 쓰이는 예문 연습

- 森くんの隣に木村くんがいる。　　　모리 군 **옆**에 기무라 군이 있다.
- レオちゃんはいつも私の側にいる。　레오 쨩은 항상 내 **옆**에 있다.
- 患者の近くに保護者がいる。　　　　환자 **근처**에 보호자가 있다.
- お母さんとお父さんの間に妹がいる。엄마와 아빠 **사이**에 여동생이 있다.

새 단어
いつも 항상, 언제나
患者(かんじゃ) 환자
保護者(ほごしゃ) 보호자
お母(かあ)さん 엄마, 어머니
お父(とう)さん 아빠, 아버지

🌱 처음 회화

A この写真で木村さんはどこにいる？
이 사진에서 기무라 씨는 어디에 있어?

B 先生の隣にいる！
선생님 **옆**에 있어!

핵심포인트 | 존재 동사(있다, 없다)의 반말 표현
いる、いない、いた、いなかった

(움직이는 것이) 있다, 없다, 있었다, 없었다

	긍정	부정
현재형	いる 있다	いない 없다
과거형	いた 있었다	いなかった 없었다

🌱 자주 쓰이는 예문 연습

- 部屋に虫が**いる**。 　　　방에 벌레가 **있다**.
- 山本さんは席に**いない**。 　야마모토 씨는 자리에 **없다**.
- 私の隣に吉田さんが**いた**。 내 옆에 요시다 씨가 **있었다**.
- お店にお客さんが**いなかった**。 가게에 손님이 **없었다**.

🌱 처음 회화

A 教室に誰か**いる**？
교실에 누군가 **있어**?

B 誰も**いない**。
아무도 **없어**.

새 단어

部屋 방
虫 벌레
席 자리
お店 가게
お客さん 손님
教室 교실

더 알아보기

'誰: 누구'의 활용
誰が: 누구가(=누가)
誰か: 누군가
誰も: 누구도(=아무도)

핵심 포인트: 존재 동사(있다, 없다)의 존댓말 표현

います、いません、いました、いませんでした

(움직이는 것이) 있습니다, 없습니다, 있었습니다, 없었습니다

	긍정	부정
현재형	います 있습니다	いません 없습니다
과거형	いました 있었습니다	いませんでした 없었습니다

자주 쓰이는 예문 연습

- インベさんは会議室にいます。　　인배 씨는 회의실에 **있습니다**.
- 中村さんは兄弟がいません。　　나카무라 씨는 형제가 **없습니다**.
- デパートに人がたくさんいました。　백화점에 사람이 많이 **있었습니다**.
- 教室に先生がいませんでした。　교실에 선생님이 **없었습니다**.

처음 회화

A 日本人の友だちがいますか。
일본인 친구가 **있습니까**?

B いいえ、日本人の友だちはいません。
아니요, 일본인 친구는 **없습니다**.

새 단어
会議室 회의실
兄弟 형제
デパート 백화점
人 사람
たくさん 많이
日本人 일본인
友だち 친구

더 알아보기
います、いません、いました、いませんでした에서 마지막 글자 뒤에 か를 붙이면 **의문문**이 됩니다.

예
います。있습니다.
いますか。있습니까?

실력 다지기

1 다음 제시된 한국어에 해당하는 일본어 표현을 작성하여 표를 채워보세요.

		긍정	부정
반말	현재형	① 있다	② 없다
반말	과거형	③ 있었다	④ 없었다
존댓말	현재형	⑤ 있습니다	⑥ 없습니다
존댓말	과거형	⑦ 있었습니다	⑧ 없었습니다

2 다음 문장에서 빈 칸에 들어갈 말을 히라가나로 써 보세요.

❶ 彼は彼女が（　　　　　　　　　）。
그는 여자친구가 없다.

❷ 日本人の友だちが（　　　　　　　　　）。
일본인 친구가 있습니다.

❸ 韓国人が（　　　　　　　　　）。
한국인이 없었습니다.

❹ 中国人の学生がたくさん（　　　　　　　　　）。
중국인 학생이 많이 있었다.

❺ トイレに虫が（　　　　　　　　　）。
화장실에 벌레가 있었습니다.

새 단어

彼 그 | 彼女 여자친구, 그녀 | 日本人 일본인 | 友だち 친구 | 韓国人 한국인 | 中国人 중국인 | 学生 학생 | たくさん 많이 | トイレ 화장실 | 虫 벌레 | 部長 부장님 | 席 자리 | 両親 부모님 | 教室 교실 | 誰も 누구도(=아무도) | ~には ~에는 | ~の ~의 | いつも 항상

3 다음 문장을 일본어로 작성해 보세요.

① _____ 。

토끼가 있다.

💡 うさぎ 토끼

② _____ 。

가게에 손님이 없었다.

💡 お店 가게, お客さん 손님

③ _____ 。

백화점에 사람이 많이 있었습니다.

💡 デパート 백화점, 人 사람, たくさん 많이

JLPT 기출변형 맛보기

문법형식 판단 유형

1 다음 중 (   )에 무엇을 넣습니까? 1·2·3·4에서 가장 적절한 것을 한 개 골라 주세요.

1 部長は席に（　　　）。 부장님은 자리에 없습니다.

　1 ありません　　2 ありませんでした　　3 いません　　4 いませんでした

2 両親は大阪に（　　　）。 부모님은 오사카에 있습니다.

　1 いる　　　　　2 います　　　　　　3 ある　　　　4 あります

문장 만들기 유형

2 ★에 들어갈 것은 무엇입니까? 1·2·3·4에서 가장 적절한 것을 한 개 골라 주세요.

1 教室 ____ ____ ★ ____ 。 교실에 아무도 없었습니다.

　1 でした　　　　2 誰も　　　　　　　3 いません　　4 に

2 田中さん ____ ★ ____ ____ 木村さんがいた。 다나카 씨의 옆에는 항상 기무라 씨가 있었다.

　1 には　　　　　2 の　　　　　　　　3 いつも　　　4 側

숫자가 들어가는 여러가지 표현(시간・개수・인원수)

이번 챕터에서는 ①일본어 숫자를 익힌 후 숫자를 활용하여
②시간 표현을 만드는 방법과 ③개수 세는 법, ④인원수 세는 법에 대해 배워봅시다.

핵심 포인트 | 일본어 숫자

0~10

0	1	2	3	4	5
れい・ゼロ	いち	に	さん	し・よん	ご
	6	7	8	9	10
	ろく	しち・なな	はち	く・きゅう	じゅう

* 11~99는 **1부터 10까지의 숫자를 조합**해서 만들 수 있어요.
ex) 11의 경우, 10(じゅう)과 1(いち)을 조합하여 じゅういち,
　　99의 경우, 9(きゅう)와 10(じゅう)과 9(きゅう)를 조합하여 きゅうじゅうきゅう라고 할 수 있어요.

자주 쓰이는 예문 연습

Track 06-1

○ 私の電話番号は010-3294-5874です。
저의 전화 번호는 010-3294-5874입니다.

○ 一番好きな数字は7です。
가장 좋아하는 숫자는 7입니다.

처음 회화

A 林さんの席はどこですか。
하야시 씨의 자리는 어디입니까?

B 5番テーブルです。
5번 테이블 입니다.

새 단어
電話 전화
番号 번호
一番 가장, 제일
好きな 좋아하는
数字 숫자
席 자리
どこ 어디

더 알아보기
전화 번호의 하이픈(-)은
일본어로 の로 발음합니다.

시간 표현(~시 ~분)
~時 ~分

숫자 뒤에 時(시)와 分(분)을 붙이면 시간을 표현할 수 있어요.

~時(~시)

1時	2時	3時	4時	5時	6時
いちじ	にじ	さんじ	よじ	ごじ	ろくじ
7時	8時	9時	10時	11時	12時
しちじ	はちじ	くじ	じゅうじ	じゅういちじ	じゅうにじ

* 4시의 경우 よんじ가 아닌 よじ로 발음해요.

~分(~분)

1分	2分	3分	4分	5分
いっぷん	にふん	さんぷん	よんぷん	ごふん
6分	7分	8分	9分	10分
ろっぷん	ななふん	はちふん/はっぷん	きゅうふん	じゅっぷん

* 分을 ふん이 아닌 ぷん으로 발음하는 예외적인 경우에는 빨간색으로 표시하였으니 주의하여 암기해야 해요.

자주 쓰이는 예문 연습

- 授業は午前10時からです。
  수업은 오전 10시부터입니다.

- 映画は2時10分から4時までです。
  영화는 2시 10분부터 4시까지입니다.

처음 회화

A 今何時ですか。
  지금 몇 시입니까?

B 8時3分です。
  8시 3분입니다.

새 단어

授業 수업
午前 오전
~から ~부터
映画 영화
~まで ~까지

더 알아보기

몇 시, 몇 분의 경우 何時, 何分 이라고 표현합니다.

핵심포인트 | 개수 세는 법
~つ、~個

숫자 뒤에 つ와 個를 붙여서 개수를 셀 수 있어요.

하나~열

1つ	2つ	3つ	4つ	5つ
ひとつ	ふたつ	みっつ	よっつ	いつつ
6つ	7つ	8つ	9つ	10
むっつ	ななつ	やっつ	ここのつ	とお

~個(~개)

1個	2個	3個	4個	5個
いっこ	にこ	さんこ	よんこ	ごこ
6個	7個	8個	9個	10個
ろっこ	ななこ	はっこ	きゅうこ	じゅっこ

* 읽는 법이 특수한 경우에는 빨간색으로 표시하였으니 주의하여 암기해야 해요.

자주 쓰이는 예문 연습

○ チーズケーキ 1つ ください。　　치즈 케이크 **하나** 주세요.

○ れいぞうこに、たまごが 3個 あります。
냉장고에, 계란이 **3개** 있습니다.

처음 회화

Ⓐ ボールペンは 何個 ありますか。
볼펜은 **몇 개** 있습니까?

Ⓑ 5個 あります。
5개 있습니다.

새 단어

チーズ 치즈
ケーキ 케이크
~ください ~주세요
れいぞうこ 냉장고
たまご 계란
あります (사물이) 있습니다

더 알아보기

몇 개의 경우 いくつ 또는 何個라고 표현합니다.

핵심포인트: 인원수 세는 법 ~人(にん)

숫자 뒤에 人(にん)(인)을 붙여서 인원수를 셀 수 있어요.

~人(にん)(~인, ~명)

1人	2人	3人	4人	5人
ひとり	ふたり	さんにん	よにん	ごにん
6人	7人	8人	9人	10人
ろくにん	しちにん/ななにん	はちにん	きゅうにん	じゅうにん

* 읽는 법이 특수한 경우에는 빨간색으로 표시하였으니 주의하여 암기해야 해요.

자주 쓰이는 예문 연습

- 日本人(にほんじん)の友(とも)だちが一人(ひとり)います。 일본인 친구가 **1명** 있습니다.
- クラスに外国人(がいこくじん)が4人(にん)います。 반에 외국인이 **4명** 있습니다.

처음 회화

A 家族(かぞく)は何人(なんにん)ですか。
가족은 **몇 명**입니까?

B 5人(にん)です。
5명입니다.

새 단어

日本人(にほんじん) 일본인
友(とも)だち 친구
います (사람이) 있습니다
クラス 반, 클래스
外国人(がいこくじん) 외국인
家族(かぞく) 가족

더 알아보기

몇 명의 경우 何人(なんにん)이라고 표현합니다.

다지기

1 다음 제시된 숫자에 「時」、「分」、「つ」、「個」、「人」을 붙여 표를 채워보세요.
  *히라가나로 작성해 보세요.

	~時 ~시	~分 ~분	~つ 하나~열	~個 ~개	~人 ~인, ~명
1	いちじ 1시	①	ひとつ 하나	いっこ 1개	②
3	③	さんぷん 3분	④	さんこ 3개	さんにん 3인, 3명
5	ごじ 5시	ごふん 5분	⑤	⑥	ごにん 5인, 5명
7	しちじ 7시	⑦	ななつ 일곱	ななこ 7개	⑧
9	⑨	⑩	ここのつ 아홉	きゅうこ 9개	きゅうにん 9인, 9명

2 다음 문장에서 빈 칸에 들어갈 말을 히라가나로 써 보세요.

❶ うちのチームは（　　　　　　　　）です。
우리 팀은 8명입니다.

❷ 午後（　　　　　　　　）にかいぎがあります。
오후 4시에 회의가 있습니다.

❸ ラーメンが（　　　　　　　　）あります。
라멘이 6개 있습니다.

❹ 授業は（　　　　　　　　）後です。
수업은 10분 뒤입니다.

❺ 木村さんの家族は（　　　　　　　　）です。
기무라 씨의 가족은 6명입니다.

새 단어

午後 오후 | かいぎ 회의 | あります (움직이지 않는 것이) 있습니다 | お姉さん 언니, 누나 | います(움직이는 것이) 있습니다 |
れいぞうこ 냉장고 | ~に ~에 | りんご 사과 | はこ 상자 | 中 안, 속

3 다음 문장을 일본어로 작성해 보세요. (*빨간색 글자는 히라가나로 작성)

① _____。

영화는 2시 10분부터 4시까지입니다.

💡 **映**画 영화,
~から ~부터,
~まで ~까지

② _____。

치즈 케이크 하나 주세요.

💡 **チーズ** 치즈,
ケーキ 케이크,
~ください ~주세요

③ _____。

반에 외국인이 4명 있습니다.

💡 **クラス** 반,
外国**人** 외국인,
います (사람이) 있습니다

JLPT 기출변형 맛보기

[문법형식 판단 유형]

1 다음 중 ( )에 무엇을 넣습니까? 1·2·3·4에서 가장 적절한 것을 한 개 골라 주세요.

1 お姉さんが（　　　）います。 언니가 2명 있습니다.

　　1 ににん　　　2 ふたつ　　　3 ふたり　　　4 ひとり

2 れいぞうこにりんごが（　　　）あります。 냉장고에 사과가 넷(4개) 있습니다.

　　1 やっつ　　　2 よっつ　　　3 よんつ　　　4 しつ

[문장 만들기 유형]

2 ★ 에 들어갈 것은 무엇입니까? 1·2·3·4에서 가장 적절한 것을 한 개 골라 주세요.

1 はこの中に ____ ★ ____ ____ あります。 상자 안에 과자가 10개 있습니다.

　　1 が　　　　　2 じゅっ　　　3 おかし　　　4 こ

2 昼休みは ____ ____ ★ ____ 時までです。 점심 시간은 12시부터 1시까지입니다.

　　1 時　　　　　2 じゅうに　　3 いち　　　　4 から

날짜 표현(월・일・요일)

이번 챕터에서는 챕터 06에서 익힌 숫자를 활용하여
날짜(①월, ②일, ③요일, ④여러가지 날짜 관련 표현)를
말하는 방법에 대해 배워봅시다.

핵심 포인트 ✋ 날짜 표현①(1월~12월)

~月(がつ) : ~월

1부터 12까지의 숫자 뒤에 月(がつ)(월)을 붙이면 날짜(~월)를 표현할 수 있어요.

~月(~월)

1月	2月	3月	4月	5月	6月
いちがつ	にがつ	さんがつ	しがつ	ごがつ	ろくがつ
7月	8月	9月	10月	11月	12月
しちがつ	はちがつ	くがつ	じゅうがつ	じゅういちがつ	じゅうにがつ

🌱 자주 쓰이는 예문 연습   Track 07-1

- 日本(にほん)の 花見(はなみ)は 3月(さんがつ)からだ。
  일본의 벚꽃 축제는 3월부터다.

- 結婚式(けっこんしき)は 11月(じゅういちがつ)です。
  결혼식은 11월입니다.

🌱 처음 회화

Ⓐ 吉田(よしだ)さんの 誕生日(たんじょうび)は 何月(なんがつ)ですか。
  요시다 씨의 생일은 **몇 월**입니까?

Ⓑ 6月(ろくがつ)です。
  6월입니다.

새 단어

日本(にほん) 일본
花見(はなみ) 벚꽃 축제, 벚꽃놀이
~から ~부터
結婚式(けっこんしき) 결혼식
誕生日(たんじょうび) 생일

더 알아보기

'몇 월'의 경우 何月(なんがつ)라고
표현합니다.

핵심 포인트 ✌ 날짜 표현②(1일~31일)
~日: ~일

1부터 31까지의 숫자 뒤에 日(일)를 붙이면 날짜(~일)를 표현할 수 있어요.
이 규칙(숫자+日)을 따르지 않는 날짜는 빨간색으로 표시하였으니 주의해서 암기해요.

~日(~일)

1日	2日	3日	4日	5日	6日	7日
ついたち	ふつか	みっか	よっか	いつか	むいか	なのか
8日	9日	10日	11日	12日	13日	14日
ようか	ここのか	とおか	じゅういちにち	じゅうににち	じゅうさんにち	じゅうよっか
15日	16日	17日	18日	19日	20日	21日
じゅうごにち	じゅうろくにち	じゅうしちにち	じゅうはちにち	じゅうくにち	はつか	にじゅういちにち
22日	23日	24日	25日	26日	27日	28日
にじゅうににち	にじゅうさんにち	にじゅうよっか	にじゅうごにち	にじゅうろくにち	にじゅうしちにち	にじゅうはちにち
29日	30日	31日				
にじゅうくにち	さんじゅうにち	さんじゅういちにち				

🌱 자주 쓰이는 예문 연습

- 今日は7月5日だ。
  오늘은 7월 5일이다.
- 20日から夏休みです。
  20일부터 여름 방학입니다.

🌱 처음 회화

Ⓐ 休みはいつですか。
휴가는 언제입니까?

Ⓑ 8日から14日までです。
8일부터 14일까지입니다.

🏷 새 단어

今日 오늘
夏休み 여름 방학
休み 휴가, 휴일
いつ 언제
~まで ~까지

더 알아보기

'며칠'의 경우 何日라고 표현합니다.

핵심 포인트 ✌️ 날짜 표현③(월요일~일요일)
~曜日(ようび): ~요일

月(げつ)(월)부터 日(にち)(일) 뒤에 曜日(ようび)(요일)를 붙이면 날짜(~요일)를 표현할 수 있어요.

~曜日(ようび)(~요일)

月曜日(げつようび)	火曜日(かようび)	水曜日(すいようび)	木曜日(もくようび)	金曜日(きんようび)
월요일	화요일	수요일	목요일	금요일
土曜日(どようび)	日曜日(にちようび)			
토요일	일요일			

🌱 자주 쓰이는 예문 연습

- えんそくは**火曜日(かようび)**です。　　소풍은 **화요일**입니다.
- **宿題(しゅくだい)**は**金曜日(きんようび)**までです。　　숙제는 **금요일**까지입니다.

🌱 처음 회화

Ⓐ テストは**何曜日(なんようび)**ですか。
　시험은 **무슨 요일**입니까?

Ⓑ **月曜日(げつようび)**です。
　월요일입니다.

새 단어

えんそく 소풍
宿題(しゅくだい) 숙제
~まで ~까지
テスト 시험

더 알아보기

'무슨 요일'의 경우 何曜日(なんようび)라고 표현합니다.

핵심 포인트 | 여러가지 날짜 관련 표현

~月(~달)

せんげつ 先月	こんげつ 今月	らいげつ 来月
지난 달	이번 달	다음 달

~週(~주)

せんしゅう 先週	こんしゅう 今週	らいしゅう 来週
지난 주	이번 주	다음 주

毎~(매~)

まいにち 毎日	まいしゅう 毎週	まいつき 毎月
매일	매주	매달

그 외

しゅうまつ 週末	どにち 土日
주말	토일

* 일본에서는 주말을 '토일'이라고 표현하기도 합니다.

자주 쓰이는 예문 연습

- バイトは<ruby>今月<rt>こんげつ</rt></ruby>までです。
  아르바이트는 **이번 달**까지입니다.

- <ruby>来週<rt>らいしゅう</rt></ruby>からセールです。
  다음 주부터 세일입니다.

새 단어

- バイト 아르바이트
- セール 세일
- コンサート 콘서트

처음 회화

A コンサートはいつですか。
콘서트는 언제입니까?

B <ruby>来月<rt>らいげつ</rt></ruby><ruby>3日<rt>みっか</rt></ruby>です。
다음 달 3일입니다.

1 다음 빈칸의 날짜 표현을 히라가나로 써 보세요.

1月	7月	8月	12月
①	②	③	④
2日	9日	14日	25日
⑤	⑥	⑦	⑧
木曜日	日曜日		
⑨	⑩		

2 다음 문장에서 빈 칸에 들어갈 말을 히라가나로 써 보세요.

❶ 明日は（　　　　　　　　）です。
　　내일은 월요일입니다.

❷ 今日は（　　　　　　　　）です。
　　오늘은 10월 10일입니다.

❸ （　　　　　　　　）から出張です。
　　6일부터 출장입니다.

❹ （　　　　　　　　）はテストだ。
　　수요일은 시험이다.

❺ 私の誕生日は（　　　　　　　　）です。
　　저의 생일은 6월 12일입니다.

새 단어

明日 내일 | 今日 오늘 | ~から ~부터 | 出張 출장 | テスト 시험 | 誕生日 생일 | 日本 일본 | 子ども 어린이 | 日 날 | セール 세일 | 今~ 이번~ | まつり 축제

3 다음 문장을 일본어로 작성해 보세요. (*빨간색 글자는 히라가나로 작성)

① _____。
일본의 벚꽃 축제는 3월부터다.

💡 日本 일본,
　花見 벚꽃 축제,
　~から ~부터

② _____。
20일부터 여름 방학입니다.

💡 夏休み 여름 방학

③ _____。
소풍은 화요일입니다.

💡 えんそく 소풍

JLPT 기출변형 맛보기

문법형식 판단 유형

1 다음 중 (　) 에 무엇을 넣습니까? 1·2·3·4에서 가장 적절한 것을 한 개 골라 주세요.

① 木村さんの誕生日は（　　）だ。 기무라 씨의 생일은 9월이다.

　1 きゅうがつ　　2 きゅうげつ　　3 くがつ　　4 くげつ

② 日本の子どもの日は 5 月（　　）です。 일본의 어린이 날은 5월 5일입니다.

　1 ごにち　　2 こにち　　3 いっか　　4 いつか

문장 만들기 유형

2 ★ 에 들어갈 것은 무엇입니까? 1·2·3·4에서 가장 적절한 것을 한 개 골라 주세요.

① セールは 3 月 ____ ____ ★ ____ だ。 세일은 3월 1일부터 7일까지다.

　1 まで　　2 から　　3 なのか　　4 ついたち

② 今 ____ ____ ★ ____ あります。 이번 주말은 축제가 있습니다.

　1 が　　2 しゅうまつ　　3 まつり　　4 は

Chapter 07 날짜 표현(월·일·요일) **49**

마지막 글자가 い로 끝나는 い형용사 ①

일본어에는 형용사의 종류가 두 종류 있어요. 마지막 글자가 い로 끝나는 い형용사와 마지막 글자가 だ로 끝나는 な형용사예요. 이번 챕터에서는 い형용사의 ①기본형, ②보통형 과거긍정, ③보통형 현재부정, ④보통형 과거부정을 만드는 방법에 대해 배워봅시다.

핵심 포인트 👉 い형용사의 기본형
~い: ~(하)다

い형용사의 기본형은 마지막 글자가 い로 끝나며, '~(하)다'라는 뜻이에요.

> おいし**い**
> 맛있다

🌱 자주 쓰이는 い형용사 연습   Track 08-1

おいし**い**	かわい**い**	辛**い**
맛있다	귀엽다	맵다

- 夫のパスタはとても**おいしい**。   남편의 파스타는 매우 **맛있다**.
- あのかばん、**かわいい**！   저 가방, **귀엽다**!
- このラーメンは**辛い**。   이 라멘은 **맵다**.

🏷 새 단어
- 夫(おっと) 남편
- パスタ 파스타
- とても 매우
- あの 저
- かばん 가방
- この 이
- 料理(りょうり) 요리

🌱 처음 회화

Ⓐ 私の料理、**おいしい**？
    내 요리, **맛있어**?

Ⓑ うん、**おいしい**！
    응, **맛있다**!

더 알아보기
~い에서 마지막 글자의 음을 올려 말하면 **의문문**이 됩니다.

예
おいし**い**→。 맛있다.
おいし**い**？ 맛있어?

핵심 포인트 | い형용사의 보통형(반말) 과거긍정

~かった: ~(했)다

い형용사의 마지막 글자 い를 삭제하고 かった를 붙이면 '~(했)다'라는 뜻이 돼요.

| おいし~~い~~
맛있다 | + | かった
~(했)다 | → | おいし**かった**
맛있었다 |

자주 쓰이는 い형용사 연습

| 高い
(たか)
비싸다, (키가) 크다 | 安い
(やす)
싸다 | 低い
(ひく)
낮다, (키가) 작다 |

- あの店はねだんが高かった。
  저 가게는 가격이 **비쌌다**.
- りんごはこの店が一番安かった。
  사과는 이 가게가 가장 **쌌다**.
- 木村さんの妹は背が低かった。
  기무라 씨의 여동생은 키가 **작았다**.

처음 회화

A あゆみちゃんは昔も背が高かった？
아유미짱은 옛날에도 키가 **컸어**?

B うん、いつもクラスで一番高かった！
응, 항상 반에서 제일 **컸어**!

새 단어

店 가게
ねだん 가격
りんご 사과
一番 가장, 제일
妹 여동생
背 키
昔 옛날
〜も ~에도, ~도
いつも 항상, 언제나
クラス 반

더 알아보기

高い와 低い의 경우 '높다, 낮다'라는 의미 외에 '(키가) 크다, 작다'라는 의미로도 사용됩니다.

예
ビルが高い。건물이 높다.
背が高い。키가 크다.

핵심포인트 — い형용사의 보통형(반말) 현재부정
~くない: ~(하)지 않다

い형용사의 마지막 글자 い를 삭제하고 くない를 붙이면 '~(하)지 않다'라는 뜻이 돼요.

| おいし~~い~~ 맛있다 | + | くない ~(하)지 않다 | → | おいしくない 맛있지 않다 |

자주 쓰이는 い형용사 연습

| 大きい 크다 | 小さい 작다 | 楽しい 즐겁다 |

- 私のくつはそんなに大きくない。 내 신발은 그렇게 **크지 않다**.
- そのズボンは私に小さくない。 그 바지는 나에게 **작지 않다**.
- 音楽の時間は楽しくない。 음악 시간은 **즐겁지 않다**.

처음 회화

A スカートのサイズ、ちょっと大きくない？
치마 사이즈, 조금 **크지 않아**?

B 大きくない！ぴったり！
크지 않아! 딱 맞아!

새 단어

くつ 신발, 구두
そんなに 그렇게
その 그
ズボン 바지
~に ~에게
音楽 음악
時間 시간
スカート 치마
サイズ 사이즈
ちょっと 조금, 좀
ぴったり 딱 맞는 모양

더 알아보기

일본어에서 大きい(크다)는 옷이나 신발 등 물건의 크기를 말할 때 주로 사용합니다.
키가 '크다'라고 할 때는 大きい(크다)가 아닌 高い(높다)를 써야 합니다.

くつが大きい。 신발이 크다.
背が高い。 키가 크다.

핵심포인트 | い형용사의 보통형(반말) 과거부정
~くなかった: ~(하)지 않았다

い형용사의 마지막 글자 い를 삭제하고 くなかった를 붙이면 '~(하)지 않았다'라는 뜻이 돼요.

| おいし~~い~~ 맛있다 | + | くなかった ~(하)지 않았다 | → | おいしくなかった 맛있지 않았다 |

🌱 자주 쓰이는 い형용사 연습

| おお 多い 많다 | すく 少ない 적다 | かな 悲しい 슬프다 |

- 月曜日は人が多くなかった。 월요일은 사람이 **많지 않았다**.
- 食べ物のりょうは少なくなかった。 음식의 양은 **적지 않았다**.
- その映画はあまり悲しくなかった。 그 영화는 그다지 **슬프지 않았다**.

🌱 처음 회화

Ⓐ 昨日デパートにお客さん多くなかった？
   어제 백화점에 손님 **많지 않았어**?

Ⓑ ううん、あまり多くなかった。
   아니, 그다지 **많지 않았어**.

새 단어
- 月曜日 월요일
- 人 사람
- 食べ物 음식
- りょう 양
- 映画 영화
- あまり 그다지
- 昨日 어제
- デパート 백화점
- お客さん 손님

더 알아보기

월요일~일요일	
月曜日	월요일
火曜日	화요일
水曜日	수요일
木曜日	목요일
金曜日	금요일
土曜日	토요일
日曜日	일요일

1 다음 제시된 い형용사에 「かった」, 「くない」, 「くなかった」를 붙여 표를 채워보세요.

	~かった ~(했)다	~くない ~(하)지 않다	~くなかった ~(하)지 않았다
おいしい 맛있다	①	おいしくない 맛있지 않다	②
かわいい 귀엽다	かわいかった 귀여웠다	③	④
安い 싸다	⑤	⑥	安くなかった 싸지 않았다
大きい 크다	⑦	大きくない 크지 않다	⑧
少ない 적다	少なかった 적었다	⑨	⑩

2 다음 주어진 단어를 활용하여 빈 칸에 들어갈 말을 써 보세요.

❶ このラーメンは（　　　　　　　　　）。
이 라멘은 맵지 않다.　　　　　　　💡辛い 맵다

❷ 会社は駅から（　　　　　　　　　）。
회사는 역에서 가깝다.　　　　　　　💡近い 가깝다

❸ 昨日はあまり（　　　　　　　　　）。
어제는 그다지 춥지 않았다.　　　　　💡寒い 춥다

❹ 外はまだ（　　　　　　　　　）。
밖은 아직 어둡지 않다.　　　　　　　💡くらい 어둡다

❺ そのホテルは部屋が（　　　　　　　　　）。
그 호텔은 방이 넓었다.　　　　　　　💡広い 넓다

새 단어

会社 회사 | 駅 역 | ~から ~에서 | 外 밖 | まだ 아직 | ホテル 호텔 | 部屋 방 | デパート 백화점 | ここ 여기 | 遠い 멀다 | 旅行 여행 | 楽しい 즐겁다 | クッキー 쿠키 | 甘い 달다 | 今 지금 | ~まで ~까지 | うれしい 기쁘다 | ~で ~에서 | 一番 가장 | 中 중, 가운데

3 다음 문장을 일본어로 작성해 보세요.

① _____。

저 가게는 가격이 비쌌다.

💡 店 가게, ねだん 가격, 高い 비싸다

② _____。

그 바지는 나에게 작지 않다.

💡 ズボン 바지, 私 나, ~に ~에게, 小さい 작다

③ _____。

월요일은 사람이 많지 않았다.

💡 月曜日 월요일, 人 사람, 多い 많다

JLPT 기출변형 맛보기

문법형식 판단 유형

1 다음 중 ( )에 무엇을 넣습니까? 1·2·3·4에서 가장 적절한 것을 한 개 골라 주세요.

① デパートはここから（　　　）ない。 백화점은 여기에서 멀지 않다.

　1 遠い　　　　　2 遠く　　　　　3 遠か　　　　　4 遠

② 日本旅行はとても（　　　）。 일본 여행은 매우 즐거웠다.

　1 楽しくなかった　2 楽しい　　　　3 楽しかた　　　4 楽しかった

문장 만들기 유형

2 ★ 에 들어갈 것은 무엇입니까? 1·2·3·4에서 가장 적절한 것을 한 개 골라 주세요.

① この ____ ____ ★ ____ 。 이 쿠키는 달지 않았다.

　1 は　　　　　　2 なかった　　　3 クッキー　　　4 甘く

② 今までの ____ ____ ★ ____ かった。 지금까지 중에서 가장 기뻤다.

　1 うれし　　　　2 で　　　　　　3 一番　　　　　4 中

마지막 글자가 い로 끝나는 い형용사 ②

이번 챕터에서는 い형용사의 ①정중형 현재긍정, ②정중형 과거긍정,
③정중형 현재부정, ④정중형 과거부정을 만드는 방법에 대해 배워봐요.
챕터 08에서 배운 내용에 です만 붙이면 정중형(존댓말)이 돼요.

핵심 포인트 👆 い형용사의 정중형(존댓말) 현재긍정
~です: ~(합)니다

い형용사 기본형의 마지막 글자 い뒤에 です를 붙이면 '~(합)니다'라는 뜻이 돼요.

| 大き**い**
크다 | + | です
~(합)니다 | → | 大き**いです**
큽니다 |

🌱 자주 쓰이는 い형용사 연습   Track 09-1

| 暖か**い**
따뜻하다 | 涼し**い**
시원하다 | 悪**い**
나쁘다 |

- 日本の春は暖かいです。   일본의 봄은 **따뜻합니다**.
- 韓国の秋は涼しいです。   한국의 가을은 **시원합니다**.
- 今日は天気が悪いです。   오늘은 날씨가 **나쁩니다**.

새 단어
日本 일본
春 봄
韓国 한국
秋 가을
今日 오늘
天気 날씨
明日 내일

🌱 처음 회화

Ⓐ 明日も暖かいですか。
   내일도 **따뜻합니까**?

Ⓑ はい、明日の天気も暖かいです。
   네, 내일 날씨도 **따뜻합니다**.

더 알아보기
です로 끝나는 경우 뒤에 か를 붙이면 **의문문**이 됩니다.

예
おいしいです。
맛있습니다.

おいしいですか。
맛있습니까?

핵심 포인트 ✌

い형용사의 정중형(존댓말) 과거긍정
~かったです : ~(했)습니다

い형용사의 마지막 글자 い를 삭제하고 かったです를 붙이면 '~(했)습니다'라는 뜻이 돼요.

大き~~い~~	+	かったです	→	大きかったです
크다		~(했)습니다		컸습니다

🌱 자주 쓰이는 い형용사 연습

暑い	寒い	いい/よい
덥다	춥다	좋다, 괜찮다

- 日本の夏は暑かったです。 일본의 여름은 **더웠습니다**.
- 韓国の冬は寒かったです。 한국의 겨울은 **추웠습니다**.
- 昨日は天気がよかったです。 어제는 날씨가 **좋았습니다**.

새 단어
夏 여름
冬 겨울
昨日 어제
発表 발표
とても 매우

🌱 처음 회화

A 田中さんの発表はよかったですか。
다나카 씨의 발표는 **괜찮았습니까**?

B とてもよかったです！
매우 **좋았습니다**!

더 알아보기

いい/よい의 경우 마지막 글자 い를 삭제하고 뒤에 무언가를 붙여서 활용할 때 **반드시 よい의 い를 삭제한 후 활용**해야 합니다.

예) 좋았습니다, 괜찮았습니다:

い**い** + かったです
: い**かったです(X)**

よ**い** + かったです
: よ**かったです(O)**

Chapter 09 마지막 글자가 い로 끝나는 い형용사 ②

핵심 포인트 ✌ い형용사의 정중형(존댓말) 현재부정
~くないです / ~くありません: ~(하)지 않습니다

い형용사의 마지막 글자 い를 삭제하고 くないです 또는 くありません을 붙이면 '~(하)지 않습니다'라는 뜻이 돼요.

| 大き~~い~~ 크다 | + | くないです / くありません ~(하)지 않습니다 | → | 大きくないです / 大きくありません 크지 않습니다 |

🌱 자주 쓰이는 い형용사 연습

| 長い 길다 | 短い 짧다 | 難しい 어렵다 |

- 人生は長くないです。 인생은 **길지 않습니다**.
- １年は短くありません。 1년은 **짧지 않습니다**.
- この問題は難しくないです。 이 문제는 **어렵지 않습니다**.

🌱 처음 회화

A 日本語の勉強、難しくないですか。
일본어 공부, **어렵지 않습니까?**

B 難しくありません。むしろ楽しいです。
어렵지 않습니다. 오히려 즐겁습니다.

새 단어
人生 인생
~年 ~년
この 이
問題 문제
あまり 그다지
日本語 일본어
勉強 공부
むしろ 오히려
楽しい 즐겁다

더 알아보기
くありません이 くないです보다 조금 더 정중한 표현입니다.

핵심 포인트 ✋ い형용사의 정중형(존댓말) 과거부정
~くなかったです / ~くありませんでした : ~(하)지 않았습니다

い형용사의 마지막 글자 い를 삭제하고 くなかったです 또는 くありませんでした를 붙이면 '~(하)지 않았습니다'라는 뜻이 돼요.

| 大（おお）き~~い~~ 크다 | + | くなかったです / くありませんでした ~(하)지 않았습니다 | → | 大（おお）きくなかったです / 大（おお）きくありませんでした 크지 않았습니다 |

🌱 자주 쓰이는 い형용사 연습

| 速（はや）い (속도가) 빠르다 | 甘（あま）い 달다 | 古（ふる）い 오래되다 |

🪴 새 단어

そこ 그곳, 거기
インターネット 인터넷
速度（そくど） 속도
ビスケット 비스킷
あの 저
店（みせ） 가게
タクシー 택시
電車（でんしゃ） 전철
~より ~보다

- そこはインターネットの速度（そくど）が速（はや）くなかったです。
  그곳은 인터넷 속도가 **빠르지 않았습니다**.

- ビスケットは甘（あま）くありませんでした。
  비스킷은 **달지 않았습니다**.

- あの店（みせ）は古（ふる）くなかったです。
  저 가게는 **오래되지 않았습니다**.

🌱 처음 회화

Ⓐ タクシーが電車（でんしゃ）より速（はや）かったですか。
택시가 전철보다 빨랐습니까?

Ⓑ いいえ、速（はや）くなかったです。
아니요, **빠르지 않았습니다**.

1 다음 제시된 い형용사에 「かったです」, 「くないです」, 「くなかったです」를 붙여 표를 채워보세요.

	~かったです ~(했)습니다	~くないです ~(하)지 않습니다	~くなかったです ~(하)지 않았습니다
涼しい 시원하다	①	②	③
暑い 덥다	④	⑤	⑥
速い 빠르다	⑦	⑧	⑨

2 다음 문장에서 빈 칸에 들어갈 말을 히라가나로 써 보세요.

❶ 映画が（　　　　　　　　　）。
영화가 재미있지 않았습니다.　　　　　　　　　面白い 재미있다

❷ 今日は風が（　　　　　　　　　）。
오늘은 바람이 강하지 않습니다.　　　　　　　　強い 강하다

❸ その山はとても（　　　　　　　　　）。
그 산은 매우 높았습니다.　　　　　　　　　　　高い 높다

❹ このパンは（　　　　　　　　　）。
이 빵은 딱딱하지 않습니다.　　　　　　　　　　かたい 딱딱하다

❺ 昨日の晩ごはんは（　　　　　　　　　）。
어제 저녁밥은 맛있지 않았습니다.　　　　　　　おいしい 맛있다

새 단어

映画 영화 ｜ 今日 오늘 ｜ 風 바람 ｜ その 그 ｜ 山 산 ｜ とても 매우 ｜ この 이 ｜ パン 빵 ｜ 昨日 어제 ｜ 晩ごはん 저녁밥

3 다음 문장을 일본어로 작성해 보세요.

① _____ 。
일본의 봄은 따뜻합니다.

💡 日本 일본, 春 봄,
暖かい 따뜻하다

② _____ 。
어제는 날씨가 좋았습니다.

💡 昨日 어제, 天気 날씨,
いい/よい 좋다, 괜찮다

③ _____ 。
저 가게는 오래되지 않았습니다.

💡 店 가게, 古い 오래되다

JLPT 기출변형 맛보기

문법형식 판단 유형

1 다음 중 (   )에 무엇을 넣습니까? 1·2·3·4에서 가장 적절한 것을 한 개 골라 주세요.

1 その学校は図書館がとても(   )。그 학교는 도서관이 매우 넓었습니다.

　　1 広かったです　　2 広かった　　3 広くない　　4 広い

2 うちのチームは(   )。우리 팀은 약하지 않습니다.

　　1 弱くなかった　　2 弱くない　　3 弱くないです　　4 弱いです

문장 만들기 유형

2 __★__ 에 들어갈 것은 무엇입니까? 1·2·3·4에서 가장 적절한 것을 한 개 골라 주세요.

1 その ____ ____ ★ ____ 。그 커피는 뜨겁지 않았습니다.

　　1 は　　2 あつく　　3 なかったです　　4 コーヒー

2 注射 ____ ____ ★ ____ 。주사는 아프지 않았습니다.

　　1 は　　2 痛く　　3 です　　4 なかった

Chapter 10

마지막 글자가 い로 끝나는 い형용사 ③

이번 챕터에서는 い형용사로 ①명사를 수식하는 방법과 い형용사의 ②연결형, ③부사형, ④부사형+なる를 만드는 방법에 대해 배워봐요.

핵심 포인트 ☝ い형용사의 명사 수식
~い + 명사: ~(한) + 명사

い형용사는 형태를 변형하지 않고 기본형 그대로 명사를 수식할 수 있어요.
い형용사 기본형(~い) 뒤에 명사를 붙이면 '~(한) + 명사'라고 해석해요.

~い → 명사

温(あたた)か**い** 따뜻한 → ラーメン 라멘

🌱 자주 쓰이는 い형용사 연습   Track 10-1

近(ちか)**い**	遠(とお)**い**	くろ**い**
가깝다	멀다	검다, 까맣다

새 단어
- 一番(いちばん) 가장, 제일
- どこ 어디
- ~から ~에서
- 所(ところ) 곳, 장소
- ねこ 고양이
- 国(くに) 나라
- ロシア 러시아

- 一番(いちばん)近(ちか)**い**駅(えき)はどこですか。
  가장 **가까운 역**은 어디입니까?

- 福岡(ふくおか)は東京(とうきょう)から遠(とお)**い**所(ところ)だ。
  후쿠오카는 도쿄에서 **먼 곳**이다.

- 森(もり)さんのねこは、くろ**い**ねこです。
  모리 씨의 고양이는, **검은 고양이**입니다.

🌱 처음 회화

A 日本(にほん)から一番(いちばん)近(ちか)**い**国(くに)はどこですか。
일본에서 가장 **가까운 나라**는 어디입니까?

B ロシアです。
러시아입니다.

핵심포인트 ✌ い형용사의 연결형
~くて: ~(하)고, ~(해)서

い형용사의 마지막 글자 い를 삭제하고 くて를 붙이면 '~(하)고, ~(해)서'라는 뜻이 돼요.

温か~~い~~ 따뜻하다 + くて ~(하)고, ~(해)서 → 温かくて 따뜻하고, 따뜻해서

🌱 자주 쓰이는 い형용사 연습

広い	狭い	やさしい
넓다	좁다	상냥하다

- あのホテルは広くて高い。 저 호텔은 넓고 비싸다.
- この部屋は狭くてくらい。 이 방은 좁고 어둡다.
- 田中さんはやさしくていい。 다나카 씨는 상냥해서 좋다.

새 단어
あの 저
ホテル 호텔
高い 비싸다, (키가) 크다
この 이
部屋 방
くらい 어둡다
いい 좋다, 괜찮다
彼女 여자 친구
どんな 어떤
人 사람
明るい 밝다

🌱 처음 회화

A 彼女はどんな人ですか。
여자 친구는 어떤 사람입니까?

B やさしくて明るい人です。
상냥하고 밝은 사람입니다.

핵심포인트 い형용사의 부사형
~く : ~(하)게

い형용사의 마지막 글자 い를 삭제하고 く를 붙이면 '~(하)게'라는 뜻의 부사가 돼요.

温か**い** 따뜻하다 + **く** ~(하)게 → 温か**く** 따뜻하게

자주 쓰이는 い형용사 연습

| 強**い** 강하다 | すご**い** 굉장하다 | 早**い** 이르다 |

- 自分のしゅちょうを強く言う。　자신의 주장을 **강하게** 말하다.
- このピザすごくおいしい！　이 피자 **굉장하게(굉장히)** 맛있다!
- 朝早く起きる。　아침 **이르게(일찍)** 일어나다.

새 단어
自分 자신, 자기
しゅちょう 주장
言う 말하다
この 이
ピザ 피자
朝 아침
起きる 일어나다
選手 선수
走り 달리기
速い 빠르다

처음 회화

Ⓐ あの選手走りがすごく速いね！
저 선수 달리기가 **굉장히** 빠르네!

Ⓑ そうだね！本当に速い！
그렇네! 진짜 빠르다!

핵심포인트 7 | い형용사의 부사형 + なる
~く + なる: ~(하)게 되다, ~(해)지다

い형용사의 마지막 글자 い를 삭제하고 くなる를 붙이면 '~(하)게 되다, ~(해)지다'라는 뜻이 돼요.

温か~~い~~ (따뜻하다) + くなる (~(하)게 되다, ~(해)지다) → 温かくなる (따뜻하게 되다, 따뜻해지다)

🌱 자주 쓰이는 い형용사 연습

赤い	面白い	軽い
빨갛다, 붉다	재미있다	가볍다

새 단어
顔 얼굴
勉強 공부
体 몸

- 顔が赤くなる。 얼굴이 **빨갛게 된다**.
- 勉強が面白くなる。 공부가 **재미있어진다**.
- 体が軽くなる。 몸이 **가벼워진다**.

🌱 처음 회화

Ⓐ 最近、日本語の勉強が面白くなった！
최근에, 일본어 공부가 **재미있어졌다**!

Ⓑ え！私も勉強しようか？
오! 나도 공부할까?

더 알아보기

부사형 + なる의 과거형
い형용사의 부사형 뒤에 なる 대신 なった를 붙이면 과거형 (~(하)게 됐다, ~(해)졌다)이 됩니다.

예

おいしくなる 맛있어지다

おいしくなった 맛있어졌다

**다지기**

1 다음 제시된 い형용사에 「くて」, 「く」, 「くなる」를 붙여 표를 채워보세요.

	~くて ~(하)고, ~(해)서	~く ~(하)게	~くなる ~(하)게 되다, ~(해)지다
近い 가깝다	①	②	③
遠い 멀다	④	⑤	⑥
強い 강하다	⑦	⑧	⑨

2 다음 문장에서 빈 칸에 들어갈 말을 히라가나로 써 보세요.

❶ 力を（　　　　　　）する。
　 힘을 약하게 하다.　　　　　　　　　　　💡弱い 약하다

❷ 私は（　　　　　　）服が多いです。
　 저는 하얀 옷이 많습니다.　　　　　　　💡白い 하얗다

❸ 外が（　　　　　　）。
　 밖이 어두워지다.　　　　　　　　　　　💡くらい 어둡다

❹ 田中さんは（　　　　　　）いい。
　 다나카 씨는 상냥해서 좋다.　　　　　💡やさしい 상냥하다

❺ ここは（　　　　　　）店です。
　 여기는 싸고 맛있는 가게입니다.　　　💡安い 싸다,
　　　　　　　　　　　　　　　　　　　　　　おいしい 맛있다

새 단어

力 힘 | する 하다 | 服 옷 | 多い 많다 | 外 밖 | 青い 파랗다 | きれいだった 예뻤다

3 다음 문장을 일본어로 작성해 보세요.

① _____ 。
모리 씨의 고양이는, 검은 고양이입니다.

② _____ 。
저 호텔은 넓고 비싸다.

③ _____ 。
이 피자 굉장하게(굉장히) 맛있다!

💡 森さん 모리 씨,
ねこ 고양이,
くろい 검다, 까맣다

💡 ホテル 호텔, 広い 넓다,
高い 비싸다

💡 ピザ 피자,
すごい 굉장하다,
おいしい 맛있다

JLPT 기출변형 맛보기

문법형식 판단 유형

1 다음 중 ( )에 무엇을 넣습니까? 1·2·3·4에서 가장 적절한 것을 한 개 골라 주세요.

1 前の家は( )狭かった。 전의 집은 오래되고 좁았다.

　1 古い　　　2 古く　　　3 古くて　　　4 古

2 昨日の空は（ ）きれいだった。 어제 하늘은 파랗고 예뻤다.

　1 青くて　　2 青い　　　3 青く　　　4 青かった

문장 만들기 유형

2 ★ 에 들어갈 것은 무엇입니까? 1·2·3·4에서 가장 적절한 것을 한 개 골라 주세요.

1 石川さんは ____ ____ ★ ____ です。 이시카와 씨는 밝고 상냥한 사람입니다.

　1 明る　　　2 くて　　　3 やさしい　　　4 人

2 画面が ____ ____ ★ ____ がいいです。 화면이 크고 가벼운 휴대 전화가 좋습니다.

　1 軽い　　　2 くて　　　3 ケータイ　　　4 大き

Chapter 10 마지막 글자가 い로 끝나는 い형용사 ③

Chapter 01~10 중간 평가

🍃 괄호 안의 단어를 활용하여 문장을 완성해 보세요.

❶ 彼女は ＿＿＿＿＿＿＿＿。 〔 先生 〕
그녀는 선생님이었습니다.

❷ 彼は私の ＿＿＿＿＿＿＿＿。 〔 弟 〕
그는 내 남동생이다.

❸ トイレは ＿＿＿＿＿＿＿＿ です。 〔 ～こ 〕
화장실은 여기입니다.

❹ コンサートは ＿＿＿＿＿＿＿＿ からです。 〔 ～時 〕
콘서트는 6시부터 입니다.

❺ 私の誕生日は ＿＿＿＿＿＿＿＿ です。 〔 ～月 〕
제 생일은 10월입니다.

❻ ホテルの部屋は ＿＿＿＿＿＿＿＿。 〔 広い 〕
호텔 방은 넓지 않았다.

❼ このクッキーは ＿＿＿＿＿＿＿＿。 〔 甘い 〕
이 쿠키는 달지 않습니다.

❽ 両親は東京に ＿＿＿＿＿＿＿＿。 〔 いる 〕
부모님은 도쿄에 있습니다.

❾ 家にたまごが ＿＿＿＿＿＿＿＿。 〔 ある 〕
집에 계란이 없습니다.

❿ このケータイは ＿＿＿＿＿＿＿＿ 軽いです。 〔 大きい 〕
이 휴대 전화는 크고 가볍습니다.

핵심 문장 연습

🍃 다음 한국어 문장을 일본어로 말해보세요.

❶ 내 꿈은 의사입니다.　　　　　　　　　　　　　↪ Chapter 01로 돌아가기

❷ 어제는 시험이 아니었다.　　　　　　　　　　　↪ Chapter 02로 돌아가기

❸ 화장실은 어디입니까?　　　　　　　　　　　　↪ Chapter 03로 돌아가기

❹ 가방에 휴대 전화가 없습니다.　　　　　　　　↪ Chapter 04로 돌아가기

❺ 저는 여동생과 남동생이 있습니다.　　　　　　↪ Chapter 05로 돌아가기

❻ 영화는 1시부터입니다.　　　　　　　　　　　　↪ Chapter 06로 돌아가기

❼ 세일은 3월 10일까지입니다.　　　　　　　　　↪ Chapter 07로 돌아가기

❽ 저 가게는 가격이 비쌌다.　　　　　　　　　　↪ Chapter 08로 돌아가기

❾ 이 라멘은 매우 매웠습니다.　　　　　　　　　↪ Chapter 09로 돌아가기

❿ 여기는 싸고 맛있습니다.　　　　　　　　　　　↪ Chapter 10로 돌아가기

부족한 부분은 해당하는 챕터로 돌아가서 복습하세요. ☺

마지막 글자가 だ로 끝나는 な형용사 ①

일본어에는 형용사의 종류가 두 종류 있다고 했지요. 8, 9, 10 챕터에서 배운 い형용사와 11, 12, 13챕터에서 배울 마지막 글자가 だ로 끝나는 な형용사예요. 이번 챕터에서는 な형용사의 ①기본형, ②보통형 과거긍정, ③보통형 현재부정, ④보통형 과거부정을 만드는 방법에 대해 배워봅시다.

핵심 포인트 — な형용사의 기본형
~だ: ~(하)다

な형용사의 원형은 마지막 글자가 だ로 끝나며, '~(하)다'라는 뜻이에요. 마지막 글자 だ를 삭제하고 무엇을 붙이느냐에 따라 '~(했)다, ~(하)지 않다, ~(하)지 않았다'등의 의미가 돼요.

好き**だ**
좋아하다

자주 쓰이는 な형용사 연습   Track 11-1

暇(ひま)だ	すてきだ	便利(べんり)だ
한가하다	멋지다, 근사하다	편리하다

새 단어
今日(きょう) 오늘
景色(けしき) 경치
スマホ 스마트폰

- 今日(きょう)は暇(ひま)だ。   오늘은 **한가하다**.
- 景色(けしき)がすてきだ。   경치가 **멋지다**.
- スマホは便利(べんり)だ。   스마트폰은 **편리하다**.

처음 회화

Ⓐ 今日(きょう)はとても忙(いそが)しかった。
오늘은 엄청 바빴다.

Ⓑ うん、でも明日(あした)は暇(ひま)だよ！
응, 그래도 내일은 **한가하다**!

핵심포인트 ✌ な형용사의 보통형(반말) 과거긍정
~だった: ~(했)다

な형용사의 마지막 글자 だ를 삭제하고 だった를 붙이면 '~(했)다'라는 뜻이 돼요.

好きだ̶	+	だった	➡	好きだった
좋아하다		~(했)다		좋아했다

🌱 자주 쓰이는 な형용사 연습

嫌いだ	元気だ	真面目だ
싫어하다	건강하다	성실하다

- 数学は昔から嫌いだった。 수학은 예전부터 **싫어했다**.
- おじいさんは元気だった。 할아버지는 **건강했다**.
- 吉田さんはとても真面目だった。 요시다 씨는 매우 **성실했다**.

🌱 처음 회화

Ⓐ おばあさん元気だった？
할머니 **건강했어**?

Ⓑ うん、元気だった！
응, **건강했어**!

🏷 새 단어

数学 수학
昔 예전, 옛날
~から ~부터
おじいさん 할아버지
とても 매우
おばあさん 할머니

더 알아보기

な형용사는 뒤에 무언가를 붙여 과거형과 부정형 등을 만드는 방법이 **명사와 동일**해요.

＊ 명사의 과거형과 부정형

学生だった
(학생이었다)

学生じゃ(＝では)ない
(학생이 아니다)

学生じゃ(＝では)なかった
(학생이 아니었다)

....

~だった에서 마지막 글자의 음을 올려 말하면 **의문문**이 됩니다.

📌 예
元気だった。 건강했다.
元気だった↗? 건강했어?

핵심 포인트 な형용사의 보통형(반말) 현재부정
~じゃ(=では)ない : ~(하)지 않다

な형용사의 마지막 글자 だ를 삭제하고 じゃ(=では)ない를 붙이면 '~(하)지 않다'라는 뜻이 돼요.

好き~~だ~~ (좋아하다) + [じゃない / では] (~(하)지 않다) → 好き[じゃない / では] (좋아하지 않다)

🌱 자주 쓰이는 な형용사 연습

きれいだ	ふくざつだ	かんたんだ
깨끗하다, 예쁘다	복잡하다	간단하다

- 弟の部屋はきれいじゃない。 남동생의 방은 **깨끗하지 않다**.
- この問題はふくざつではない。 이 문제는 **복잡하지 않다**.
- 英語のテストはかんたんじゃない。 영어 시험은 **간단하지 않다**.

새 단어
弟 남동생
部屋 방
この 이
問題 문제
英語 영어
テスト 시험, 테스트

🌱 처음 회화

A あのホテルはどう？
저 호텔은 어때?

B あまりきれいじゃない。
그다지 **깨끗하지 않아**.

더 알아보기
じゃない와 ではない의 차이
ではない가 じゃない보다 조금 더 정중한 표현입니다.

핵심포인트 な형용사의 보통형(반말) 과거부정
~じゃ(=では)なかった: ~(하)지 않았다

な형용사의 마지막 글자 だ를 삭제하고 じゃ(=では)なかった를 붙이면 '~(하)지 않았다'라는 뜻이 돼요.

好き~~だ~~ (좋아하다) + じゃなかった / ではなかった (~(하)지 않았다) → 好きじゃなかった / ではなかった (좋아하지 않았다)

🌱 자주 쓰이는 な형용사 연습

しんせつだ	静かだ	丈夫だ
친절하다	조용하다	튼튼하다

- あの店の店員は**しんせつじゃなかった**。 저 가게의 점원은 **친절하지 않았다**.
- 教室は**静かじゃなかった**。 교실은 **조용하지 않았다**.
- そのテーブルは**丈夫ではなかった**。 그 테이블은 **튼튼하지 않았다**.

🪴 새 단어
- あの 저
- 店(みせ) 가게
- 店員(てんいん) 점원
- 教室(きょうしつ) 교실
- その 그
- テーブル 테이블

🌱 처음 회화

A テストはどうだった？
시험은 어땠어?

B 簡単(かんたん)じゃなかった。
간단하지 않았어.

 다지기

1 다음 제시된 な형용사에 「だった」、「じゃない」、「じゃなかった」를 붙여 표를 채워보세요.

	~だった ~(했)다	~じゃない ~(하)지 않다	~じゃなかった ~(하)지 않았다
元気だ 건강하다	①	②	③
きれいだ 깨끗하다	④	⑤	⑥
しんせつだ 친절하다	⑦	⑧	⑨

2 다음 문장에서 빈 칸에 들어갈 말을 써 보세요.

❶ 大谷選手のけがは（　　　　　　　　　　）。
오오타니 선수의 부상은 괜찮았다. 💡大丈夫だ 괜찮다

❷ パスポートは（　　　　　　　　　　）。
여권은 필요하지 않다. 💡必要だ 필요하다

❸ くつが（　　　　　　　　　　）。
신발이 편하지 않았다. 💡楽だ 편하다

❹ 山本さんは中国語も（　　　　　　　　　　）。
야마모토 씨는 중국어도 잘했다. 💡上手だ 잘하다

❺ その図書館は（　　　　　　　　　　）。
그 도서관은 조용하지 않다. 💡静かだ 조용하다

새 단어

けが 부상, 상처 | パスポート 여권 | くつ 신발, 구두 | 中国語 중국어

3 다음 문장을 일본어로 작성해 보세요.

① _____。   💡 真面目(まじめ)だ 성실하다
요시다 씨는 매우 성실했다.

② _____。   💡 かんたんだ 간단하다
영어 시험은 간단하지 않다.

③ _____。   💡 丈夫(じょうぶ)だ 튼튼하다
그 테이블은 튼튼하지 않았다.

JLPT 기출변형 맛보기

문법형식 판단 유형

1 다음 중 (　)에 무엇을 넣습니까? 1·2·3·4에서 가장 적절한 것을 한 개 골라 주세요.

① ここはこうつうが（　　）ない。 이곳은 교통이 편리하지 않다.

　1 便利(べんり)だった　　2 便利(べんり)　　3 便利(べんり)だ　　4 便利(べんり)じゃ

② この問題(もんだい)はふくざつ（　　）。 이 문제는 복잡하지 않다.

　1 だった　　2 じゃなかった　　3 じゃない　　4 だ

문장 만들기 유형

2 ★ 에 들어갈 것은 무엇입니까? 1·2·3·4에서 가장 적절한 것을 한 개 골라 주세요.

① この店(みせ)は昔(むかし) ____ ____ ★ ____ 。 이 가게는 예전에는 유명하지 않았다.

　1 は　　2 有名(ゆうめい)　　3 なかった　　4 じゃ

② 本(ほん)のデザイン ____ ★ ____ ____ 。 책의 디자인이 매우 예뻤다.

　1 だった　　2 とても　　3 きれい　　4 が

Chapter 12

마지막 글자가 だ로 끝나는 な형용사 ②

이번 챕터에서는 な형용사의
①정중형 현재긍정, ②정중형 과거긍정, ③정중형 현재부정, ④정중형 과거부정을
만드는 방법에 대해 배워봐요.
챕터 11에서 배운 내용에 です만 붙이면 정중형(존댓말)이 돼요.

핵심 포인트

な형용사의 정중형(존댓말) 현재긍정
~です : ~(합)니다

な형용사의 마지막 글자 だ를 삭제하고 です를 붙이면 '~(합)니다'라는 뜻이 돼요.

有名~~だ~~	+	です	→	有名です
유명하다		~(합)니다		유명합니다

자주 쓰이는 な형용사 연습

Track 12-1

大丈夫だ	不便だ	重要だ
괜찮다	불편하다	중요하다

- もう**大丈夫**です。 이제 **괜찮습니다**.
- きものはハンボクより**不便**です。 기모노는 한복보다 **불편합니다**.
- けんこうが一番**重要**です。 건강이 가장 **중요합니다**.

처음 회화

Ⓐ 外は雪で真っ白です。
   밖은 눈으로 **새하얗습니다**.

Ⓑ そうですね。本当にきれいです！
   그렇네요. 정말 **예쁩니다**!

새 단어

もう 이제
きもの 기모노
ハンボク 한복
~より ~보다
けんこう 건강
一番 가장, 제일
真っ白だ 새하얗다
きれいだ 예쁘다

더 알아보기

な형용사는 뒤에 무언가를 붙여 존댓말을 만드는 방법이 **명사와 동일**해요.

* 명사의 존댓말
学生です
(학생입니다)
学生でした
(학생이었습니다)
学生じゃ(=では)ないです
(학생이 아닙니다)

핵심 포인트 ✌ な형용사의 정중형(존댓말) 과거긍정
~でした: ~(했)습니다

な형용사의 마지막 글자 だ를 삭제하고 でした를 붙이면 '~(했)습니다'라는 뜻이 돼요.

有名 ~~だ~~ + でした → 有名でした
유명하다   ~(했)습니다   유명했습니다

🌱 자주 쓰이는 な형용사 연습

にぎやかだ	同じだ	りっぱだ
북적이다, 번화하다	같다, 동일하다	훌륭하다

새 단어
とても 매우
~と ~와, ~과
誕生日 생일
料理 요리

- 渋谷はとてもにぎやかでした。 시부야는 매우 **북적였습니다**.
- 山本さんと誕生日が同じでした。 야마모토 씨와 생일이 **같았습니다**.
- インベさんの料理はりっぱでした。 인베 씨의 요리는 **훌륭했습니다**.

🌱 처음 회화

Ⓐ 週末にデパートはにぎやかでしたか？
주말에 백화점은 **북적였습니까**?

Ⓑ はい、とてもにぎやかでした！
네, 매우 **북적였습니다**!

더 알아보기

でした에서 마지막 글자 뒤에 か를 붙이면 의문문이 됩니다.

예
にぎやかでした。
북적였습니다.

にぎやかでしたか。
북적였습니까?

핵심포인트 — な형용사의 정중형(존댓말) 현재부정
~じゃ(=では)ないです、じゃ(=では)ありません: ~(하)지 않습니다

な형용사의 마지막 글자 だ를 삭제하고 じゃ(=では)ないです 또는 じゃ(=では)ありません을 붙이면 '~(하)지 않습니다'라는 뜻이 돼요.

有名~~だ~~ (유명하다) + じゃないです / では / じゃありません / では (~(하)지 않습니다) → 有名じゃないです / では、有名じゃありません / では (유명하지 않습니다)

자주 쓰이는 な형용사 연습

楽だ	安全だ	必要だ
편하다	안전하다	필요하다

새 단어
- この 이
- くつ 신발
- その 그
- 国(くに) 나라
- えんぴつ 연필
- ノート 노트

- このくつは楽じゃないです。
  이 신발은 **편하지 않습니다**.

- その国は安全ではないです。
  그 나라는 **안전하지 않습니다**.

- えんぴつとノートは必要じゃありません。
  연필과 노트는 **필요하지 않습니다**.

처음 회화

A 新(あたら)しいくつはどうですか。
새 신발은 어떻습니까?

B あまり楽じゃないです。
그다지 **편하지 않습니다**.

더 알아보기
じゃないです와 じゃありません의 차이
じゃありません이 じゃないです보다 조금 더 정중한 느낌의 표현입니다.

핵심 포인트 7 | な형용사의 정중형(존댓말) 과거부정
~じゃ(=では)なかったです、~じゃ(=では)ありませんでした : ~(하)지 않았습니다

な형용사의 마지막 글자 だ를 삭제하고 じゃ(=では)なかったです 또는 じゃ(=では)ありませんでした 를 붙이면 '~(하)지 않았습니다'라는 뜻이 돼요.

有名 ~~だ~~ (유명하다) + じゃなかったです / ではなかったです / じゃありませんでした / ではありませんでした
~(하)지 않았습니다

→ 有名じゃなかったです / 有名ではなかったです / 有名じゃありませんでした / 有名ではありませんでした
유명하지 않았습니다

🌱 자주 쓰이는 な형용사 연습

十分だ	大変だ	丁寧だ
충분하다	힘들다	정중하다

🪴 새 단어
- 時間 시간
- バイト 아르바이트
- どうでしたか 어땠습니까
- でも 하지만
- 量 양

- 時間が十分じゃなかったです。　　시간이 **충분하지 않았습니다**.
- バイトは大変ではなかったです。　　아르바이트는 **힘들지 않았습니다**.
- 彼は丁寧じゃありませんでした。　　그는 **정중하지 않았습니다**.

🌱 처음 회화

Ⓐ あのお店はどうでしたか。
저 가게는 어땠습니까?

Ⓑ おいしかったです。でも量が十分じゃなかったです。
맛있었습니다. 하지만 양이 **충분하지 않았습니다**.

 **다지기**

1 다음 제시된 な형용사에 「でした」, 「じゃないです」, 「じゃなかったです」를 붙여 표를 채워보세요.

	~でした ~(했)습니다	~じゃないです ~(하)지 않습니다	~じゃなかったです ~(하)지 않았습니다
重要だ 중요하다	①	②	③
安全だ 안전하다	④	⑤	⑥
必要だ 필요하다	⑦	⑧	⑨

2 다음 문장에서 빈 칸에 들어갈 말을 써 보세요.

❶ トイレは（　　　　　　　　　　）。
화장실은 깨끗하지 않았습니다.　　　💡 きれいだ 깨끗하다

❷ 外はとても（　　　　　　　　　　）。
밖은 매우 조용했습니다.　　　💡 静かだ 조용하다

❸ テストは（　　　　　　　　　　）。
시험은 간단하지 않았습니다.　　　💡 かんたんだ 간단하다

❹ ここはこうつうが（　　　　　　　　　　）。
이곳은 교통이 편리하지 않습니다.　　　💡 便利だ 편리하다

❺ 彼女と誕生日が（　　　　　　　　　　）。
그녀와 생일이 같았습니다.　　　💡 同じだ 같다, 동일하다

새 단어

トイレ 화장실 | 外 밖 | とても 매우 | テスト 시험 | ここ 이곳, 여기 | こうつう 교통 | 彼女 그녀 | ~と ~와(과) | 誕生日 생일 | しあわせだ 행복하다

3 다음 문장을 일본어로 작성해 보세요.

① _____。 💡 大丈夫だ 괜찮다
이제 괜찮습니다.

② _____。 💡 にぎやかだ 북적이다
시부야는 매우 북적였습니다.

③ _____。 💡 楽だ 편하다
이 신발은 편하지 않습니다.

JLPT 기출변형 맛보기

문법형식 판단 유형

1 다음 중 (　) 에 무엇을 넣습니까? 1·2·3·4에서 가장 적절한 것을 한 개 골라 주세요.

① ソウルの地下鉄はふくざつ（　　　）。 서울의 지하철은 복잡합니다.

    1 です　　　　2 だ　　　　3 でした　　　　4 じゃない

② やさいがしんせん（　　　）。 야채가 신선하지 않았습니다.

    1 だった　　　2 じゃない　　3 じゃないです　　4 じゃなかったです

문장 만들기 유형

2 ★ 에 들어갈 것은 무엇입니까? 1·2·3·4에서 가장 적절한 것을 한 개 골라 주세요.

① しお ____ ____ ★ ____ 。 소금은 이것으로 충분합니다.

    1 は　　　　　2 十分　　　　3 これで　　　　4 です

② 今までの ____ ____ ★ ____ でした。 지금까지 중에서 가장 행복했습니다.

    1 しあわせ　　2 で　　　　　3 一番　　　　　4 中

Chapter 13

마지막 글자가 だ로 끝나는 な형용사 ③

이번 챕터에서는 な형용사로 ①명사를 수식하는 방법과 な형용사의
②연결형, ③부사형, ④부사형+なる를 만드는 방법에 대해 배워봐요.

핵심 포인트 👆 **な형용사의 명사 수식**
~な + 명사: ~(한) + 명사

な형용사의 마지막 글자 だ를 삭제하고 な를 붙이면 '~(한)'이라는 뜻이 되며, 명사를 수식할 수 있어요.

~な　　　　　　　명사
真面目だな　　　　人
まじめ　　　　　　ひと
성실한　　　　　　사람

🌱 자주 쓰이는 な형용사 연습
Track 13-1

| 有名だ
ゆうめい
유명하다 | しあわせだ
행복하다 | 大切だ
たいせつ
소중하다 |

🌱 ここはラーメンで有名な所です。　　여기는 라멘으로 **유명한 곳**입니다.
　　　　　　　　ゆうめい　ところ

🌱 昨日はしあわせな一日でした。　　　어제는 **행복한 하루**였습니다.
　きのう　　　　　　　　いちにち

🌱 日本旅行は大切な思い出だった。　　일본 여행은 **소중한 추억**이었다.
　にほんりょこう　たいせつ　おも　で

🌱 처음 회화

Ⓐ あの人は誰ですか。
　　ひと　だれ
　저 사람은 누구입니까?

Ⓑ 日本の有名な歌手です。
　にほん　ゆうめい　かしゅ
　일본의 **유명한 가수**입니다.

새 단어

ここ 여기, 이곳
ラーメン 라멘
~で ~으로
所 곳, 장소
ところ
昨日 어제
きのう
一日 하루
いちにち
日本 일본
にほん
旅行 여행
りょこう
思い出 추억
おも で
あの 저
人 사람
ひと
誰 누구
だれ
歌手 가수
かしゅ

핵심 포인트 ✌ な형용사의 연결형
~で: ~(하)고, ~(해)서

な형용사의 마지막 글자 だ를 삭제하고 で를 붙이면 '~(하)고, ~(해)서'라는 뜻이 돼요.

| 真面目だ̶ 성실하다 | + | で ~(하)고, ~(해)서 | ➡ | 真面目で 성실하고, 성실해서 |

🌱 자주 쓰이는 な형용사 연습

| しんせんだ 신선하다 | おしゃれだ 세련되다, 멋지다 | 特別(とくべつ)だ 특별하다 |

- この店(みせ)のやさいは**しんせんで**おいしい。
  이 가게의 야채는 **신선하고** 맛있다.

- **おしゃれで**かわいい服(ふく)です。
  세련되고 귀여운 옷입니다.

- このかばんはデザインが**特別(とくべつ)で**いい。
  이 가방은 디자인이 **특별해서** 좋다.

🌱 처음 회화

Ⓐ 山田(やまだ)さんはどんな人(ひと)ですか。
야마다 씨는 어떤 사람입니까?

Ⓑ **真面目(まじめ)で**やさしい人(ひと)です。
성실하고 상냥한 사람입니다.

새 단어

この 이
店(みせ) 가게
やさい 야채, 채소
かわいい 귀엽다
服(ふく) 옷
かばん 가방
デザイン 디자인
いい 좋다
どんな 어떤
人(ひと) 사람
やさしい 상냥하다

핵심 포인트 **な형용사의 부사형**
~に: ~(하)게, ~로

な형용사의 마지막 글자 だ를 삭제하고 に를 붙이면 '~(하)게, ~로'라는 뜻의 부사가 돼요.

真面目<s>だ</s>	+	に	➡	真面目に
성실하다		~(하)게, ~로		성실하게

🌱 자주 쓰이는 な형용사 연습

正直だ	逆だ	意外だ
솔직하다, 정직하다	반대다, 역이다	의외다

새 단어
自分 자신
考え 생각
言う 말하다
ベッド 침대
~と ~와(과)
机 책상
いち 위치
する 하다
この 이
チョコレート 초콜릿
外国人 외국인
~に ~에게
人気 인기
たしかだ 확실하다
安い 싸다

- 自分の考えを正直に言う。 자신의 생각을 **솔직하게** 말하다.

- ベッドと机のいちを逆にする。 침대와 책상의 위치를 **반대로** 하다.

- このチョコレートは意外に外国人に人気だ。
이 초콜릿은 **의외로** 외국인에게 인기다.

🌱 처음 회화

Ⓐ ここはたしかに安い！
여기는 **확실하게** 싸다!

Ⓑ そうだね！
그러게!

핵심 포인트 : な형용사의 부사형 + なる
~に + なる: ~(하)게 되다, ~(해)지다

な형용사의 마지막 글자 だ를 삭제하고 になる를 붙이면 '~(하)게 되다, ~(해)지다'라는 뜻이 돼요.

| 真面目だ(まじめ) 성실하다 | + | になる ~(하)게 되다, ~(해)지다 | ➡ | 真面目になる(まじめ) 성실해지다 |

자주 쓰이는 な형용사 연습

| 静(しず)かだ 조용하다 | 丈夫(じょうぶ)だ 튼튼하다 | かんたんだ 간단하다 |

- 教室(きょうしつ)が静(しず)かになる。 교실이 **조용해지다**.
- 体(からだ)が丈夫(じょうぶ)になる。 몸이 **튼튼해지다**.
- レシピがかんたんになる。 레시피가 **간단해지다**.

처음 회화

A 部屋(へや)がきれいになったね！
방이 **깨끗해졌**네!

B うん、気持(きも)ちいい！
응, 기분 좋다!

새 단어
体(からだ) 몸
レシピ 레시피

더 알아보기
부사형 + なる의 과거형
な형용사의 부사형 뒤에 なる 대신 なった를 붙이면 과거형(~(하)게 됐다, ~(해)졌다)이 됩니다.

예
上手(じょうず)になる 잘하게 되다
上手(じょうず)になった 잘하게 됐다

Chapter 13 마지막 글자가 だ로 끝나는 な형용사 ③

 다지기

1 다음 제시된 な형용사에 「で」、「に」、「になる」를 붙여 표를 채워보세요.

	~で ~(하)고, ~(해)서	~に ~(하)게, ~로	~になる ~(하)게 되다, ~(해)지다
しあわせだ 행복하다	①	②	しあわせになる 행복해지다
しんせんだ 신선하다	しんせんで 신선하고, 신선해서	③	④
上手だ 잘하다	⑤	上手に 잘하게	⑥
好きだ 좋아하다	⑦	好きに 좋아하게	⑧
しずかだ 조용하다	⑨	⑩	しずかになる 조용해지다

2 다음 문장에서 빈 칸에 들어갈 말을 써 보세요.

❶ (　　　　　　　) かばんです。
멋진 가방입니다.　　　　💡おしゃれだ 멋지다

❷ (　　　　　　　) 難しい。
복잡하고 어렵다.　　　　💡ふくざつだ 복잡하다

❸ 体が (　　　　　　　)。
몸이 튼튼해지다.　　　　💡丈夫だ 튼튼하다

❹ (　　　　　　　) くつがいいです。
편한 신발이 좋습니다.　　　　💡楽だ 편하다

❺ ホテルの部屋は (　　　　　　　) すずしい。
호텔 방은 깨끗하고 시원하다.　　　　💡きれいだ 깨끗하다

새 단어

かばん 가방 | 難しい 어렵다 | 体 몸

3 다음 문장을 일본어로 작성해 보세요.

① _____。   💡**有名**だ 유명하다
일본의 유명한 가수입니다.

② _____。   💡**真面目**だ 성실하다
성실하고 상냥한 사람입니다.

③ _____。   💡**正直**だ 솔직하다,
자신의 생각을 솔직하게 말하다.   정직하다

JLPT 기출변형 맛보기

문법형식 판단 유형

1 다음 중 (   )에 무엇을 넣습니까? 1·2·3·4에서 가장 적절한 것을 한 개 골라 주세요.

① 韓国の地下鉄は（　　　）安い。 한국 지하철은 편리하고 싸다.

　1 便利　　　　2 便利だ　　　　3 便利で　　　　4 便利に

② 私が（　　　）歌です。 제가 좋아하는 노래입니다.

　1 好きな　　　2 好きだ　　　　3 好きで　　　　4 好きに

문장 만들기 유형

2 __★__ 에 들어갈 것은 무엇입니까? 1·2·3·4에서 가장 적절한 것을 한 개 골라 주세요.

① テストの問題 ____ ____ ★ ____ 。 시험 문제가 더 간단해지다.

　1 が　　　　　2 になる　　　　3 もっと　　　　4 かんたん

② りんご ____ ★ ____ ____ です。 사과가 신선하고 맛있습니다.

　1 おいしい　　2 しんせん　　　3 が　　　　　　4 で

Chapter 14

앞에 조사 を대신 が를 써야 하는 な형용사

이번 챕터에서는 な형용사 중에서 앞에 조사를 잘못 사용하기 쉬운
① 好きだ(좋아하다)・嫌いだ(싫어하다), ② 上手だ(잘하다)・下手だ(못하다),
③ 得意だ(잘하다)・苦手だ(못하다) 등의 표현들을 배워봅시다.

핵심 포인트 ~을/를 좋아하다・~을/를 싫어하다
~が好きだ・~が嫌いだ

'~을/를 좋아하다・~을/를 싫어하다' 라고 할 때 好きだ(좋아하다)・嫌いだ(싫어하다) 앞에 조사 '을/를'은 を대신 が를 써야 해요.

コーヒー (커피) + ~~を~~ が (을/를) + 好きだ (좋아하다) / 嫌いだ (싫어하다)

자주 쓰이는 예문 연습   Track 14-1

- 野球が好きだ。   야구를 좋아한다.
- サッカーが好きだ。   축구를 좋아한다.
- 野菜が嫌いだ。   야채를 싫어한다.
- 魚が嫌いだ。   생선을 싫어한다.

처음 회화

A 好きな食べ物は何？
좋아하는 음식은 뭐야?

B ピザが大好き！
피자를 매우 좋아해!

새 단어
野球 야구
サッカー 축구
野菜 야채
魚 생선
食べ物 음식
何 뭐, 무엇
ピザ 피자

핵심 포인트 ~을/를 잘하다 · ~을/를 못하다
~が上手だ · ~が下手だ

'~을/를 잘하다 · ~을/를 못하다' 라고 할 때 上手だ(잘하다) · 下手だ(못하다) 앞에 조사 '을/를'은 を대신 が를 써야 해요.

日本語 일본어 を̶ が 을/를 + 上手だ 잘하다 / 下手だ 못하다

🌱 자주 쓰이는 예문 연습

- インベさんは運転が上手だ。 인배 씨는 운전을 잘한다.
- 田口さんは料理が上手です。 다구치 씨는 요리를 잘합니다.
- 妹は水泳が下手だ。 여동생은 수영을 못한다.
- 昔は英語が下手でした。 예전에는 영어를 못했습니다.

🌱 처음 회화

A 田中さんは運動が上手ですか。
다나카 씨는 운동을 잘합니까?

B いいえ、私は運動が下手です。
아니요, 저는 운동을 못합니다.

새 단어

運転 운전
料理 요리
妹 여동생
水泳 수영
昔 예전, 옛날
英語 영어

핵심포인트 ~을/를 잘하다 · ~을/를 못하다
~が得意だ · ~が苦手だ

'~을/를 잘하다 · ~을/를 못하다' 라고 할 때 得意だ(잘하다) · 苦手だ(못하다) 앞에 조사 '을/를'은 を대신 が를 써야 해요.

料理 요리 | <s>を</s> が 을/를 + 得意だ 잘하다 / 苦手だ 못하다, 싫어하다

자주 쓰이는 예문 연습

- 私は走りが得意だ。 나는 달리기를 **잘한다**.
- 姉はピアノが得意です。 누나는 피아노를 **잘합니다**(잘칩니다).
- 部長は歌が苦手だ。 부장님은 노래를 **못한다**.
- その店員は韓国語が苦手です。 그 점원은 한국어를 **못합니다**.

새 단어

走り 달리기
姉 누나, 언니
ピアノ 피아노
部長 부장님
歌 노래
その 그
店員 점원
韓国語 한국어
科目 과목
歴史 역사

처음 회화

Ⓐ 得意な科目は何ですか？
잘하는 과목은 무엇입니까?

Ⓑ 歴史が得意です。
역사를 잘합니다.

핵심포인트 ✋ 上手だ vs 得意だ / 下手だ vs 苦手だ

上手だ vs 得意だ

	上手だ	得意だ
잘하다	보통보다 뛰어날 때 사용함	
	• 타인에 대해 말할 때 사용함 • 자신이나 가족에 대해 말할 때는 사용하지 않음	• 스스로 자신감이 있는 것에 대해 말할 때 사용함 • 자신이나 가족에 대해 말할 때 사용함

- 田中さんはテニスが上手だ。(O)
- 私はテニスが得意だ。(O)

- 私はテニスが上手だ。(X)

*テニス: 테니스

下手だ vs 苦手だ

	下手だ	苦手だ
못하다	보통보다 부족할 때 사용함	
	• 자신이나 가족에 대해 말할 때 사용함 • 타인에 대해 말할 때는 사용하지 않음	• 스스로 자신감이 없는 것에 대해 말할 때 사용함 • 타인에 대해 말할 때 사용함 • 그다지 좋아하지 않거나 거북함을 느끼는 것에 대해 말할 때 사용함 ('싫어하다'의 의미로 사용)

- 私はテニスが下手だ。(O)
- 田中さんはテニスが苦手だ。(O)

- 田中さんはテニスが下手だ。(X)
- 私は豆が苦手だ。(O)

*豆: 콩

🌱 자주 쓰이는 예문 연습

◎ ハンナさんは日本語が上手だ 한나 씨는 일본어를 **잘한다**.

새 단어
まだ 아직

🌱 처음 회화

Ⓐ 田中さんは中国語が上手ですね！
다나카 씨는 중국어를 **잘하네요**!

Ⓑ いえいえ、まだまだです。
아닙니다, 아직 멀었습니다.

Chapter 14 앞에 조사 を대신 が를 써야 하는 な형용사

1 다음 제시된 한국어에 해당하는 일본어 표현을 작성하여 표를 채워보세요.

긍정	부정
① ~을/를 좋아하다	② ~을/를 싫어하다
③ ~을/를 잘하다 (자신이나 가족에 대해 말할 때)	④ ~을/를 잘하다 (타인에 대해 말할 때)
⑤ ~을/를 못하다 (자신이나 가족에 대해 말할 때)	⑥ ~을/를 못하다 (타인에 대해 말할 때)

2 다음 문장에서 빈 칸에 들어갈 말을 써 보세요.

❶ 私は水泳（　　　　　　　　）。
나는 수영을 잘합니다.

❷ 夫は青色（　　　　　　　　）。
남편은 파란색을 좋아합니다.

❸ 田中さんはドイツ語（　　　　　　　　）。
다나카 씨는 독일어를 잘한다.

❹ 姉はニンジン（　　　　　　　　）。
언니는 당근을 싫어한다.

❺ 小林さんは運動（　　　　　　　　）。
고바야시 씨는 운동을 못한다.

새 단어

水泳 수영 | 夫 남편 | 青色 파란색

3 다음 문장을 일본어로 작성해 보세요.

① _____。 💡サッカー 축구
축구를 좋아한다.

② _____。 💡田口(たぐち)さん 다구치 씨,
다구치 씨는 요리를 잘합니다.   料理(りょうり) 요리

③ _____。 💡部長(ぶちょう) 부장님, 歌(うた) 노래
부장님은 노래를 못한다.

JLPT 기출변형 맛보기

문법형식 판단 유형

1 다음 중 (   )에 무엇을 넣습니까? 1·2·3·4에서 가장 적절한 것을 한 개 골라 주세요.

① 父(ちち)は運転(うんてん)(   )。 아버지는 운전을 잘한다.

　1 を上手(じょうず)だ　　2 が上手(じょうず)だ　　3 を得意(とくい)だ　　4 が得意(とくい)だ

② 私(わたし)はダンス(   )。 나는 춤을 못한다(못춘다).

　1 を下手(へた)だ　　2 が下手(へた)だ　　3 を苦手(にがて)だ　　4 が苦手(にがて)だ

문장 만들기 유형

2 ★ 에 들어갈 것은 무엇입니까? 1·2·3·4에서 가장 적절한 것을 한 개 골라 주세요.

① 私(わたし)は日本(にほん)の____ ____ ★ ____。 저는 일본 애니메이션을 좋아합니다.

　1 が　　2 です　　3 好(す)き　　4 アニメ

② 田中(たなか)くん____ ★ ____ ____。 다나카 군은 달리기를 잘한다.

　1 は　　2 が　　3 走(はし)り　　4 上手(じょうず)だ

Chapter 15

명사・い형용사・な형용사 뒤에 쓸 수 있는 여러가지 조사

이번 챕터에서는 명사・い형용사・な형용사 뒤에 접속해서 쓸 수 있는 조사
① ~が/~けど(~지만), ② ~だけ(~만, ~뿐, ~(한) 만큼), ③ ~しか(~밖에)를 배워봅시다.

핵심포인트 | 명사 + ~が/~けど
~지만, ~입니다만

~が・~けど는 '~지만'이라는 의미의 표현이에요.
명사 뒤에 だ 또는 です를 붙인 후 ~が/~けど를 접속할 수 있어요. 명사 뒤에 だ를 붙이면 반말 표현, です를 붙이면 존댓말 표현이 돼요.

| 명사 だ / 명사 です | + | が/けど | → | 学生だが / 学生だけど 학생이지만 |
| | | | | 学生ですが / 学生ですけど 학생입니다만 |

자주 쓰이는 예문 연습

Track 15-1

● はるかちゃんはまだ子どもだが、大人しい。
하루카쨩은 아직 **아이지만**, 어른스럽다.

● セールですけど、あまり安くないです。
세일입니다만, 그다지 싸지 않습니다.

처음 회화

Ⓐ ここは昼間はレストランだけど、夜は居酒屋だよ。
여기는 낮에는 **식당이지만**, 밤에는 술집이야.

Ⓑ そうなんだ！
그렇구나!

새 단어
まだ 아직
子ども 아이
大人しい 어른스럽다
セール 세일
あまり 그다지
安い 싸다
~くないです ~(하)지 않습니다

핵심포인트 ✌️ い형용사・な형용사 + ~が/~けど
~지만, ~(합)니다만

い형용사

い형용사 기본형 그대로(~い) 또는 기본형 뒤에 です를 붙인 후(~いです), ~が/~けど를 접속할 수 있어요. 기본형에 접속하면 반말 표현, です를 붙인 후 접속하면 존댓말 표현이 돼요.

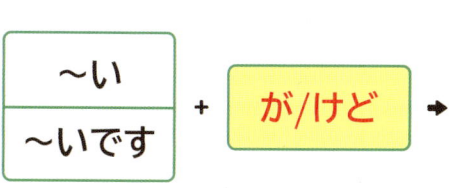

な형용사

な형용사 기본형 그대로(~だ) 또는 기본형 뒤에 です를 붙인 후(~~だ~~です), ~が/~けど를 접속할 수 있어요. 기본형에 접속하면 반말 표현, です를 붙인 후 접속하면 존댓말 표현이 돼요.

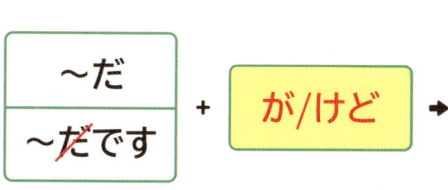

🌱 자주 쓰이는 예문 연습

- この椅子は安いが、丈夫だ。　이 의자는 싸지만, 튼튼하다.
- タクシーは便利ですが、高いです。　택시는 편리합니다만, 비쌉니다.

🌱 처음 회화

Ⓐ 駅前のレストランはどう？
　　역 앞의 식당은 어때?

Ⓑ 高いけどおいしい！
　　비싸지만 맛있어!

 새 단어

この 이
椅子 의자
安い 싸다
丈夫だ 튼튼하다
タクシー 택시
便利だ 편리하다
高い 비싸다

핵심 포인트 | 명사・い형용사・な형용사 + ~だけ
~만, ~뿐, ~(한) 만큼

명사

~だけ는 명사 뒤에 붙이면 '~만, ~뿐'이라는 의미가 돼요.
명사 단어 뒤에 바로 だけ를 접속할 수 있어요.

| 명사 | + | だけ
~만, ~뿐 | → | 子どもだけ
아이만 |

い형용사

~だけ는 い형용사 뒤에 붙이면 '~(한) 만큼'이라는 의미가 돼요.
い형용사 기본형(~い) 뒤에 바로 だけ를 접속할 수 있어요.

| ~い | + | だけ
~(한) 만큼 | → | おいしいだけ
맛있는 만큼 |

な형용사

~だけ는 な형용사 뒤에 붙이면 '~(한) 만큼'이라는 의미가 돼요.
な형용사의 마지막 글자 だ를 삭제하고 な를 붙이면 だけ를 접속할 수 있어요.

| ~だ̶な | + | だけ
~(한) 만큼 | → | 便利なだけ
편리한 만큼 |

🌱 자주 쓰이는 예문 연습

○ 今日(きょう)だけセールです。   **오늘만** 세일입니다.

○ ここは広(ひろ)いだけ家賃(やちん)が高(たか)い。   여기는 **넓은 만큼** 집세가 비싸다.

🌱 처음 회화

A このレストランは有名(ゆうめい)なだけ人(ひと)が多(おお)いね！
이 식당은 **유명한 만큼** 사람이 많다!

B 本当(ほんとう)！
진짜!

새 단어

今日(きょう) 오늘
ここ 여기
広(ひろ)い 넓다
家賃(やちん) 집세
高(たか)い 비싸다

핵심포인트 7 | 명사 + ~しか
~밖에

~しか는 '~밖에'라는 의미의 표현이에요.
명사 단어 뒤에 바로 しか를 접속할 수 있어요.

| 명사 | + | しか (~밖에) | → | 日本人しか (일본인밖에) |

자주 쓰이는 예문 연습

- れいぞうこに牛乳しかない。
  냉장고에 **우유밖에** 없다.

- 図書館に私しかいない。
  도서관에 **나밖에** 없다.

처음 회화

A かばんの中に何がある？
가방 안에 뭐가 있어?

B 財布しかない。
지갑밖에 없어.

새 단어

れいぞうこ 냉장고
牛乳 우유
ない (움직이지 않는 것이) 없다
図書館 도서관
私 나, 저
いない (움직이는 것이) 없다

Chapter 15 명사·い형용사·な형용사 뒤에 쓸 수 있는 여러가지 조사

1 다음 제시된 명사, い형용사, な형용사에 「が」、「けど」、「だけ」、「しか」를 붙여 표를 채워보세요.

	~が ~지만,	~けど	~だけ ~만, ~뿐, ~(한) 만큼	~しか ~밖에
子ども 아이	①	②	③	④
おいしい 맛있다	⑤	⑥	⑦	
好きだ 좋아하다	⑧	⑨	⑩	

2 다음 문장에서 빈 칸에 들어갈 말을 써 보세요.

❶ この（　　　　　　　　　）広い。
이 방만 넓다.　　　　　　💡部屋 방

❷ （　　　　　　　　　）家賃が安いです。
좁은 만큼 집세가 쌉니다.　　💡せまい 좁다

❸ （　　　　　　　　　）おいしい。
비싸지만 맛있다.　　　　　💡高い 비싸다

❹ コンビニは（　　　　　　　）ない。
편의점은 여기밖에 없다.　　💡ここ 여기

❺ （　　　　　　　　　）あまり暑くないです。
여름입니다만 그다지 덥지 않습니다.　💡夏 여름

새 단어

この 이 ｜ 広い 넓다 ｜ 家賃 집세 ｜ 安い 싸다 ｜ コンビニ 편의점 ｜ ない (움직이지 않는 것이) 없다 ｜ あまり 그다지 ｜ 暑い 덥다

3 다음 문장을 일본어로 작성해 보세요.

① _____。
이 의자는 싸지만, 튼튼하다.

椅子 의자, 安い 싸다,
丈夫だ 튼튼하다

② _____。
이 식당은 유명한 만큼 사람이 많다!

レストラン 식당,
有名だ 유명하다,
人 사람, 多い 많다

③ _____。
냉장고에 우유밖에 없다.

れいぞうこ 냉장고,
牛乳 우유

JLPT 기출변형 맛보기

문법형식 판단 유형

1 다음 중 (　)에 무엇을 넣습니까? 1·2·3·4에서 가장 적절한 것을 한 개 골라 주세요.

① かばんにさいふ（　　）ない。 가방에 지갑밖에 없다.

　1 が　　　　　　2 けど　　　　　3 だけ　　　　　4 しか

② 鈴木さんは息子（　　）だ。 스즈키 씨는 아들만 있다.

　1 が　　　　　　2 けど　　　　　3 だけ　　　　　4 しか

문장 만들기 유형

2 ＿★＿ 에 들어갈 것은 무엇입니까? 1·2·3·4에서 가장 적절한 것을 한 개 골라 주세요.

① タクシー ____ ____ ★ ____ 。 택시는 편리하지만 비싸다.

　1 けど　　　　　2 は　　　　　　3 便利だ　　　　4 高い

② ここは ____ ★ ____ ____ 多い。 여기는 맛있는 만큼 손님이 많다.

　1 おいしい　　　2 が　　　　　　3 だけ　　　　　4 お客さん

Chapter 16

일본어 동사 익히기

이번 챕터부터는 일본어 동사에 대해 배워봅시다.
일본어 동사는 크게 3개의 그룹(1그룹, 2그룹, 3그룹)으로 나눌 수 있어요.
동사를 이렇게 3개의 그룹으로 나누는 이유는 각각의 그룹에 따라
동사를 활용하는 방법(ます, ない 등을 붙이는 방법)이 다르기 때문이에요.

핵심 포인트 👆 일본어 동사의 특징과 1그룹 동사 익히기

일본어 동사의 특징

1. 일본어 동사는 크게 3개의 그룹(1그룹, 2그룹, 3그룹)으로 나눌 수 있어요.
2. 각각의 그룹에 따라 동사를 활용하는 방법(ます, ない 등을 붙이는 방법)이 달라지므로 각 그룹의 특징을 잘 알아 두어야 해요.

1그룹 동사

1그룹 동사는 다음의 둘 중 한 가지와 같은 형태를 하고 있어요.

① 마지막 글자가 다음 중 한 가지로 끝남

| う단 | う・く・ぐ・す・つ・ぬ・ぶ・む |

예시

~う	~く	~ぐ	~す
あう 만나다	いく 가다	およぐ 수영하다	はなす 이야기하다
~つ	~ぬ	~ぶ	~む
まつ 기다리다	しぬ 죽다	あそぶ 놀다	よむ 읽다

② 마지막 글자가 る로 끝나고, 바로 앞 글자가 あ단, う단, お단임

예시

あ단 + る	う단 + る	お단 + る
あやまる 사과하다	うる 팔다	のる 타다

(* あ단: 모음이 'ㅏ'인 단 / う단: 모음이 'ㅜ'인 단 / お단: 모음이 'ㅗ'인 단)

핵심포인트 ✌ 예외 1그룹 동사 익히기

예외 1그룹 동사

2그룹 동사와 동일한 형태이지만 활용할 때는 1그룹 동사처럼 활용해요. 예외 1그룹 동사의 형태는 다음과 같아요.

마지막 글자가 る로 끝나고, 바로 앞 글자가 い단, え단임

예시

い단 + る	え단 + る
き**る** 자르다	かえ**る** 돌아가다, 돌아오다

(* い단: 모음이 'ㅣ'인 단 / え단: 모음이 'ㅔ'인 단)

🌱 자주 쓰이는 예문 연습

Track 16-1

- 学校にいく。
  학교에 **가다**.

- 本をよむ。
  책을 **읽다**.

- かみをきる。
  머리카락을 **자르다**.

🌱 처음 회화

A 今日は何時にかえる？
오늘은 몇 시에 **돌아가**?

B 8時にかえる！
8시에 **돌아가**!

새 단어

学校 학교
～に ~에
本 책
かみ 머리카락
今日 오늘
何時 몇 시
～時 ~시

더 알아보기

동사의 마지막 글자의 음을 올려 말하면 **의문문**이 됩니다.

핵심 포인트 | 2그룹 동사, 3그룹 동사 익히기

2그룹 동사

2그룹 동사는 다음과 같은 형태를 하고 있어요.
마지막 글자가 る로 끝나고, 바로 앞 글자가 い단, え단임

예시

い단 + る	え단 + る
みる 보다	たべる 먹다

(* い단: 모음이 'ㅣ'인 단 / え단: 모음이 'ㅔ'인 단)

3그룹 동사

3그룹에는 다음의 2가지 동사가 있어요.

| する
하다 | 来る
오다 |

🌱 자주 쓰이는 예문 연습

- 友だちと映画をみる。　　친구와 영화를 **보다**.
- おにぎりをたべる。　　주먹밥을 **먹다**.
- JLPTに合格する。　　JLPT에 합격**하다**.

새 단어
- 友だち 친구
- 映画 영화
- おにぎり 주먹밥
- 合格 합격
- 明日 내일
- セミナー 세미나

🌱 처음 회화

Ⓐ 明日のセミナーに田口さんも来る？
　내일 세미나에 다구치 씨도 **와**?

Ⓑ うん！明日は田口さんもいく！
　응! 내일은 다구치 씨도 가!

핵심 포인트 | 자주 사용되는 **필수 조사** 익히기

필수 조사

~は	~은(는)	先生は教える。 선생님은 가르친다.
~を	~을(를)	先生は日本語を教える。 선생님은 일본어를 가르친다.
~が	~이(가)	学生が学ぶ。 학생이 배운다.
~も	~도	日本語も学ぶ。 일본어도 배운다.
~と	~와(과), ~랑	学生と先生が話す。 학생과 선생님이 이야기한다.
~から	~부터, ~에서	1時から映画を見る。 1시부터 영화를 본다.
~まで	~까지	2時から4時まで授業だ。 2시부터 4시까지 수업이다.

새 단어

先生 선생님 | 教える 가르치다 | 日本語 일본어 | 学生 학생 | 学ぶ 배우다 | 話す 이야기하다 | 授業 수업

🌱 자주 쓰이는 예문 연습

- インベさんはドイツ語も上手だ。　인베 씨는 독일어도 잘한다.
- 毎朝、コーヒーをのむ。　매일 아침, 커피를 마신다.
- イさんとチャンさんが結婚する。　이씨와 장씨가 결혼한다.

새 단어

ドイツ語 독일어
毎朝 매일 아침

🌱 처음 회화

A 授業は何時からですか。
　　수업은 몇 시부터 입니까?

B 9時からです。
　　9시부터 입니다.

1 다음 제시된 동사가 몇 그룹 동사인지 써 보세요.

① よむ 읽다	_____ 그룹	② はなす 이야기하다	_____ 그룹
③ かえる 돌아가다	_____ 그룹	④ おきる 일어나다	_____ 그룹
⑤ する 하다	_____ 그룹	⑥ およぐ 수영하다	_____ 그룹
⑦ ねる 자다	_____ 그룹	⑧ 来る 오다	_____ 그룹
⑨ のる 타다	_____ 그룹	⑩ かく 쓰다	_____ 그룹

2 다음 문장에서 빈 칸에 들어갈 말을 써 보세요.

❶ 友だちを（　　　　　　　　　）。
친구를 기다리다.

❷ かみを（　　　　　　　　　）。
머리카락을 자르다.

❸ おにぎりを（　　　　　　　　）。
주먹밥을 먹다.

❹ 公園で弟と（　　　　　　　　）。
공원에서 남동생과 놀다.

❺ 明日母が家に（　　　　　　　　）。
내일 엄마가 집에 온다.

새 단어

友だち 친구 | かみ 머리카락 | おにぎり 주먹밥 | 公園 공원 | ~で ~에서 | 弟 남동생 | 明日 내일 | 母 엄마 | 家 집

3 다음 문장을 일본어로 작성해 보세요.

① _____。　💡 学校 학교
학교에 **가다**.

② _____。　💡 友だち 친구, 映画 영화
친구와 영화를 **보다**.

③ _____。　💡 合格 합격
JLPT에 합격**하다**.

JLPT 기출변형 맛보기

문법형식 판단 유형

1 다음 중 (　)에 무엇을 넣습니까? 1·2·3·4에서 가장 적절한 것을 한 개 골라 주세요.

① 毎日うんどう（　　）する。 매일 운동을 한다.

　1 も　　　　　2 を　　　　　3 が　　　　　4 と

② 3時（　　）5時まで会議だ。 3시부터 5시까지 회의다.

　1 は　　　　　2 が　　　　　3 から　　　　4 まで

문장 만들기 유형

2 ★ 에 들어갈 것은 무엇입니까? 1·2·3·4에서 가장 적절한 것을 한 개 골라 주세요.

① イさん ____ ____ ★ ____ する。 이씨와 장씨가 결혼한다.

　1 チャンさん　　2 と　　　　　3 が　　　　　4 結婚

② インベさん ____ ★ ____ ____ 。 인배 씨는 독일어도 잘한다.

　1 ドイツ語　　　2 上手だ　　　3 も　　　　　4 は

Chapter 16 일본어 동사 익히기

Chapter 17

존댓말을 만들 때 쓸 수 있는 동사 ます형 ①

명사와 형용사의 경우 존댓말을 만들 때 です를 붙였었지요.
동사는 존댓말을 만들 때 ます를 붙이면 돼요.
참고로 동사 1, 2, 3그룹에 따라 ます를 붙이는 방법이 달라요.
이번 챕터에서는 1, 2, 3그룹 동사 뒤에 ます를 붙여 존댓말을 만드는 방법에 대해 배워봅시다.

핵심 포인트 👉 1그룹 동사 + ます
~ます: ~(합)니다

마지막 글자인 う단을 い단으로 바꾸면 ます형이 돼요.
ます형을 만든 후 뒤에 「ます」를 붙이면 '~(합)니다'라는 뜻이 돼요.

う단	う	く	ぐ	す	つ	ぬ	ぶ	む	る
い단	い	き	ぎ	し	ち	に	び	み	り

🌱 자주 쓰이는 동사 연습   Track 17-1

買う	読む	帰る
사다	읽다	돌아가다, 돌아오다

- パンを買います。 　　　　빵을 **삽니다**.
- 本を読みます。　　　　　　책을 **읽습니다**.
- 家に帰ります。　　　　　　집에 **돌아갑니다**.

🌱 처음 회화

A コンビニで何を買いますか。
편의점에서 무엇을 **삽니까**?

B ラーメンを買います。
라멘을 **삽니다**.

새 단어
パン 빵
本 책
家 집
~に ~에
コンビニ 편의점
~で ~에서
何 무엇
ラーメン 라멘

더 알아보기
帰る(돌아가다, 돌아오다)와 같은 예외 1그룹 동사도 1그룹 동사이므로 활용법이 동일합니다.

핵심 포인트 ✌ 2, 3그룹 동사 + ます
~ます: ~(합)니다

2그룹 동사

마지막 글자인 る를 삭제하면 ます형이 돼요.
ます형을 만든 후 뒤에 「ます」를 붙이면 '~(합)니다'라는 뜻이 돼요.

| 見る 보다 | 見 ます형 | + | ます ~(합)니다 | → | 見ます 봅니다 |

3그룹 동사

규칙이 없기 때문에 암기해야 해요. 3그룹에는 동사가 2개(する、来る) 밖에 없으므로 어렵지 않게 암기할 수 있을 거예요.

| する 하다 | → | します 합니다 | | 来る 오다 | → | 来ます 옵니다 |

🌱 자주 쓰이는 동사 연습

| 起きる 일어나다 | 寝る 자다 | する 하다 |

- 毎朝、7時に起きます。   매일 아침, 7시에 **일어납니다**.
- 夜10時前に寝ます。   밤 10시 전에 **잡니다**.
- 毎日、日本語の勉強をします。   매일, 일본어 공부를 **합니다**.

🌱 처음 회화

A 林さんは何時に寝ますか。
하야시 씨는 몇 시에 **잡니까**?

B 12時に寝ます。
12시에 **잡니다**.

새 단어
毎朝 매일 아침
~時 ~시

더 알아보기

ます뒤에 か를 붙이면 의문문이 됩니다.
예)
買います。삽니다.
買いますか。삽니까?

핵심 포인트 | 1그룹 동사 + ません
~ません: ~(하)지 않습니다

앞에서 배운 ます형 뒤에 「ます」 대신 「ません」을 붙이면 '~(하)지 않습니다'라는 뜻이 돼요.

会う 만나다 (う단) → 会い ます형 (い단)	+	ません ~(하)지 않습니다	→	会いません 만나지 않습니다
聞く 듣다 → 聞き ます형	+	ません ~(하)지 않습니다	→	聞きません 듣지 않습니다

🌱 자주 쓰이는 동사 연습

書く 쓰다	話す 이야기하다	飲む 마시다

- 日記を書きません。　　일기를 **쓰지 않습니다**.
- 友だちと話しません。　친구와 **이야기하지 않습니다**.
- お酒を飲みません。　　술을 **마시지 않습니다**.

🌱 처음 회화

A 一緒にコーヒーを飲みませんか。
　　함께 커피를 **마시지 않겠습니까**?

B いいです！
　　좋습니다!

새 단어
日記 일기
友だち 친구
~と ~와(과)
お酒 술
コーヒー 커피

더 알아보기
ません 뒤에 か를 붙이면 '~(하)지 않겠습니까'라는 의미의 **의문문**이 됩니다. **상대방에게 제안**하는 뉘앙스가 있습니다.

예
飲みません。
마시지 않습니다.
飲みませんか。
마시지 않겠습니까?

핵심포인트 7 | 2, 3그룹 동사 + ません
~ません: ~(하)지 않습니다

2그룹 동사

앞에서 배운 ます형 뒤에 「ます」대신 「ません」을 붙이면 '~(하)지 않습니다'라는 뜻이 돼요.

| 降りる 내리다 | 降り ます형 | + | ません ~(하)지 않습니다 | → | 降りません 내리지 않습니다 |

3그룹 동사

규칙이 없기 때문에 암기해야 해요. 3그룹에는 동사가 2개(する、来る) 밖에 없으므로 어렵지 않게 암기할 수 있을 거예요.

| する 하다 | → | しません 하지 않습니다 | | 来る 오다 | → | 来ません 오지 않습니다 |

자주 쓰이는 동사 연습

| 食べる 먹다 | 出かける 나가다 | 来る 오다 |

- 朝ごはんは食べません。　　　아침밥은 **먹지 않습니다**.
- 今日は外に出かけません。　　오늘은 밖에 **나가지 않습니다**.
- 明日吉田さんは来ません。　　내일 요시다 씨는 **오지 않습니다**.

새 단어
朝ごはん 아침밥
今日 오늘
外 밖
明日 내일
会議 회의
~も ~도

처음 회화

A 今日の会議に森さんも来ますか。
오늘 회의에 모리 씨도 옵니까?

B いいえ、森さんは来ません。
아니요, 모리 씨는 **오지 않습니다**.

Chapter 17 존댓말을 만들 때 쓸 수 있는 동사 ます형 ①

 다지기

1 다음 제시된 동사에 「ます」, 「ません」을 붙여 표를 채워보세요.

		~ます ~(합)니다	~ません ~(하)지 않습니다
1그룹	買う 사다	①	②
	話す 이야기하다	③	④
	帰る 돌아가다	⑤	⑥
2그룹	出かける 나가다	⑦	⑧
3그룹	来る 오다	⑨	⑩

2 다음 문장에서 빈 칸에 들어갈 말을 써 보세요.

❶ トイレで手を（　　　　　　）。
화장실에서 손을 씻습니다.　　　💡洗う 씻다

❷ 家で料理を（　　　　　　）。
집에서 요리를 하지 않습니다.　　💡する 하다

❸ 次の駅で（　　　　　　）。
다음 역에서 내립니다.　　　　💡降りる 내리다

❹ 今日は学校に（　　　　　　）。
오늘은 학교에 가지 않습니다.　　💡行く 가다

❺ 彼女はワンピースをよく（　　　　　　）。
그녀는 원피스를 자주 입습니다.　　💡着る 입다

새 단어

~で ~에서 | 手 손 | 家 집 | 料理 요리 | 次 다음 | 駅 역 | 学校 학교 | ~に ~에 | 彼女 그녀 | ワンピース 원피스 | よく 자주, 잘
週末 주말 | 早く 일찍, 빨리 | 今週 이번주 | 休む 쉬다 | 仕事 일 | おじいさん 할아버지 | 毎朝 매일 아침 | ニュース 뉴스

3 다음 문장을 일본어로 작성해 보세요.

① _____。 💡読む 읽다
책을 읽습니다.

② _____。 💡する 하다
매일, 일본어 공부를 합니다.

③ _____。 💡食べる 먹다
아침밥은 먹지 않습니다.

JLPT 기출변형 맛보기

문법형식 판단 유형

1 다음 중 (　) 에 무엇을 넣습니까? 1·2·3·4에서 가장 적절한 것을 한 개 골라 주세요.

① 私はJ-POPをよく（　　）。 저는 J-POP을 자주 듣습니다.

　1 聞く　　2 聞ます　　3 聞きます　　4 聞きません

② 週末は早く（　　）。 주말은 일찍 일어나지 않습니다.

　1 起きます　　2 起きる　　3 起きません　　4 起きりません

문장 만들기 유형

2 ★ 에 들어갈 것은 무엇입니까? 1·2·3·4에서 가장 적절한 것을 한 개 골라 주세요.

① 今週は ____ ____ ★ ____ 。 이번주는 일을 쉬지 않습니다.

　1 ません　　2 休み　　3 を　　4 仕事

② おじいさんは ____ ★ ____ ____ ます。 할아버지는 매일 아침 뉴스를 봅니다.

　1 を　　2 見　　3 毎朝　　4 ニュース

Chapter 17 존댓말을 만들 때 쓸 수 있는 동사 ます형 ① **111**

Chapter 18

존댓말을 만들 때 쓸 수 있는 동사 ます형②

이번 챕터에서는 동사 뒤에 ます대신
①ました(~(했)습니다), ②ませんでした(~(하)지 않았습니다),
③ましょう(~(합)시다) / ましょうか(~(할)까요)를
붙여 과거형과 제안 표현을 만드는 방법에 대해 배워봅시다.

핵심 포인트 👆 1그룹 동사 + ました
~ました: ~(했)습니다

앞에서 배운 ます형 뒤에「ます」대신「ました」를 붙이면 '~(했)습니다'라는 뜻이 돼요.

1그룹 동사

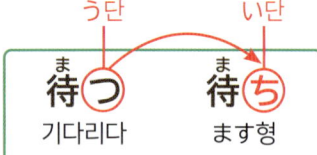

待つ (기다리다) → 待ち (ます형) + ました (~(했)습니다) → 待ちました (기다렸습니다)

う단 → い단

*예외 1그룹 동사도 1그룹 동사이므로 활용법이 동일합니다.

🌱 자주 쓰이는 동사 연습

Track 18-1

脱ぐ	出す	切る
벗다	내다, 제출하다	자르다 (*예외 1그룹 동사)

- 服を脱ぎました。 옷을 **벗었습니다**.

- 宿題を出しました。 숙제를 **냈습니다**.

- かみを切りました。 머리카락을 **잘랐습니다**.

🌱 처음 회화

 A どれくらい待ちましたか。
얼마나 **기다렸습니까**?

B 1時間待ちました。
1시간 **기다렸습니다**.

새 단어
- 服 옷
- 宿題 숙제
- かみ 머리카락
- どれくらい 얼마나
- 時間 시간

더 알아보기

ました 뒤에 か를 붙이면 **의문문**이 됩니다.

예)
待ちました。
기다렸습니다.

待ちましたか。
기다렸습니까?

핵심포인트: 2, 3그룹 동사 + ました

~ました: ~(했)습니다

앞에서 배운 ます형 뒤에 「ます」 대신 「ました」를 붙이면 '~(했)습니다'라는 뜻이 돼요.

2그룹 동사

いる (있다) → い (ます형) + ました (~(했)습니다) → いました (있었습니다)

3그룹 동사

する (하다) → しました (했습니다)

来る (오다) → 来ました (왔습니다)

자주 쓰이는 동사 연습

着る	教える	する
입다	가르치다	하다

- 着物を着ました。 → 기모노를 **입었습니다**.
- 学校で日本語を教えました。 → 학교에서 일본어를 **가르쳤습니다**.
- 昨日は家で料理をしました。 → 어제는 집에서 요리를 **했습니다**.

새 단어
- 着物 기모노(일본 전통 옷)
- 学校 학교
- ～で ~에서
- 日本語 일본어
- 昨日 어제
- 家 집
- 料理 요리
- 運動 운동
- ～も ~도

처음 회화

A 昨日も運動をしましたか。
어제도 운동을 **했습니까**?

B はい、昨日もしました。
네, 어제도 **했습니다**.

핵심 포인트 | 1그룹 동사 + ませんでした
~ませんでした: ~(하)지 않았습니다

앞에서 배운 ます형 뒤에 「ます」 대신 「ませんでした」를 붙이면 '~(하)지 않았습니다'라는 뜻이 돼요.

1그룹 동사

| 洗う 씻다 | → | 洗い ます형 | + | ませんでした ~(하)지 않았습니다 | → | 洗いませんでした 씻지 않았습니다 |
| 読む 읽다 | → | 読み ます형 | + | ませんでした ~(하)지 않았습니다 | → | 読みませんでした 읽지 않았습니다 |

(う단 → い단)

자주 쓰이는 동사 연습

| 言う 말하다 | 座る 앉다 | 泣く 울다 |

- 誰にも 言いませんでした。   누구에게도 **말하지 않았습니다**.
- 席に 座りませんでした。   자리에 **앉지 않았습니다**.
- 彼女は 泣きませんでした。   그녀는 **울지 않았습니다**.

새 단어
誰 누구
~にも ~에게도
席 자리
彼女 그녀, 여자친구

처음 회화

A 彼にも 言いましたか。
그에게도 말했습니까?

B いいえ、まだ 言いませんでした。
아니요, 아직 **말하지 않았습니다**.

핵심 포인트 2. 3그룹 동사 + ませんでした
~ませんでした : ~(하)지 않았습니다

앞에서 배운 ます형 뒤에 「ます」대신 「ませんでした」를 붙이면 '~(하)지 않았습니다'라는 뜻이 돼요.

2그룹 동사

忘れ~~る~~ (잊다) / 忘れ (ます형) + ませんでした (~(하)지 않았습니다) → 忘れませんでした (잊지 않았습니다)

3그룹 동사

する (하다) → しませんでした (하지 않았습니다)

来る (오다) → 来ませんでした (오지 않았습니다)

자주 쓰이는 동사 연습

答える	浴びる	来る
대답하다	(샤워를)하다	오다

- 質問に答えませんでした。
  질문에 **대답하지 않았습니다**.

- シャワーを浴びませんでした。
  샤워를 **하지 않았습니다**.

- 木村さんは授業に来ませんでした。
  기무라 씨는 수업에 **오지 않았습니다**.

새 단어
質問 질문
~に ~에
シャワー 샤워
授業 수업

처음 회화

A 今日も早く起きましたか。
오늘도 일찍 일어났습니까?

B いいえ、今日は早く起きませんでした。
아니요, 오늘은 일찍 **일어나지 않았습니다**.

핵심 포인트 | 1그룹 동사 + ましょう/ましょうか
~ましょう: ~(합)시다 / ~ましょうか: ~(할)까요

앞에서 배운 ます형 뒤에 「ます」대신 「ましょう」를 붙이면 '~(합)시다', 「ましょうか」를 붙이면 '~(할)까요'라는 뜻이 돼요.

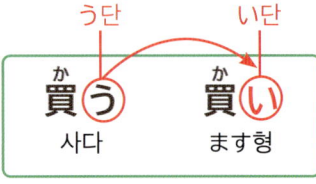

🌱 자주 쓰이는 동사 연습

| 会う
만나다 | 呼ぶ
부르다 | 休む
쉬다 |

새 단어

明日 내일
学校 학교
前 앞
~で ~에서
~も ~도
少し 조금

 明日学校の前で会いましょう。 내일 학교 앞에서 **만납시다**.

 山本さんも呼びましょう。 야마모토 씨도 **부릅시다**.

 少し休みましょうか。 조금 **쉴까요**?

🌱 처음 회화

A 渡辺さんも呼びましょうか。
와타나베 씨도 **부를까요**?

B いいです！
좋아요!

핵심포인트 2, 3그룹 동사 + ましょう/ましょうか
~ましょう: ~(합)시다 / ~ましょうか: ~(할)까요

앞에서 배운 ます형 뒤에 「ます」대신 「ましょう」를 붙이면 '~(합)시다', 「ましょうか」를 붙이면 '~(할)까요'라는 뜻이 돼요.

2그룹 동사

食べる (먹다) → 食べ (ます형) + ましょう ~(합)시다 → 食べましょう 먹읍시다

食べ + ましょうか ~(할)까요 → 食べましょうか 먹을까요

3그룹 동사

する (하다) → しましょう 합시다 / しましょうか 할까요

来る (오다) → 来ましょう 옵시다 / 来ましょうか 올까요

🌱 자주 쓰이는 동사 연습

始める	開ける	する
시작하다	열다	하다

새 단어
- 会議 회의
- 窓 창문
- 図書館 도서관
- 一緒に 같이, 함께
- 勉強 공부

- 会議を始めましょう。 회의를 **시작합시다**.
- 窓を少し開けましょうか。 창문을 조금 **열까요**?
- 明日図書館で一緒に勉強しましょう。 내일 도서관에서 같이 **공부합시다**.

🌱 처음 회화

A 週末、一緒に映画を見ましょうか。
주말에, 같이 영화를 **볼까요**?

B いいですよ！
좋아요!

 다지기

1 다음 제시된 동사에 「ました」, 「ませんでした」, 「ましょう」를 붙여 표를 채워보세요.

	~ました ~(했)습니다	~ませんでした ~(하)지 않았습니다	~ましょう ~(합)시다
待つ 기다리다	①	②	③
始める 시작하다	④	⑤	⑥
する 하다	⑦	⑧	⑨

2 다음 문장에서 빈 칸에 들어갈 말을 써 보세요.

❶ 少し（　　　　　　　　　）。
조금 서두릅시다.
💡急ぐ 서두르다

❷ 昼ごはんはラーメンを（　　　　　　　　　）。
점심은 라멘을 먹었습니다.
💡食べる 먹다

❸ 駅まで一緒に（　　　　　　　　　）。
역까지 같이 갈까요?
💡行く 가다

❹ 昨日は運動を（　　　　　　　　　）。
어제는 운동을 하지 않았습니다.
💡する 하다

❺ 明日2時に（　　　　　　　　　）。
내일 2시에 만납시다.
💡会う 만나다

새 단어

少し 조금 | 昼ごはん 점심 | ラーメン 라멘 | 駅 역 | ~まで ~까지 | 一緒に 같이, 함께 | 昨日 어제 | 運動 운동 | 明日 내일 | ~時 ~시

3 다음 문장을 일본어로 작성해 보세요.

① _____。
숙제를 냈습니다.

💡 宿題 숙제, 出す 내다, 제출하다

② _____。
기무라 씨는 수업에 오지 않았습니다.

💡 木村さん 기무라 씨, 授業 수업, 来る 오다

③ _____。
창문을 조금 열까요?

💡 窓 창문, 少し 조금, 開ける 열다

JLPT 기출변형 맛보기

문법형식 판단 유형

1 다음 중 ( )에 무엇을 넣습니까? 1·2·3·4에서 가장 적절한 것을 한 개 골라 주세요.

1 日本語で（　　　）。 일본어로 이야기합시다.

 1 話しました 2 話しませんでした 3 話しましょう 4 話しましょうか

2 手をきれいに（　　　）。 손을 깨끗하게 씻읍시다.

 1 洗ましょうか 2 洗いましょうか 3 洗ましょう 4 洗いましょう

문장 만들기 유형

2 ★ 에 들어갈 것은 무엇입니까? 1·2·3·4에서 가장 적절한 것을 한 개 골라 주세요.

1 今日は7時に ____ ____ ★ ____ 。 오늘은 7시에 일이 끝났습니다.

 1 が 2 おわり 3 仕事 4 ました

2 木村さんの質問 ____ ★ ____ ____ 。 기무라 씨의 질문에 대답하지 않았습니다.

 1 ません 2 答え 3 でした 4 に

Chapter 19

동사 ます형과 함께 쓸 수 있는 표현 ①

이번 챕터에서는 동사 뒤에 ます대신
に行く(~(하)러 가다), に来る(~(하)러 오다)를 붙여
다양한 표현을 만드는 방법에 대해 배워봅시다.

핵심 포인트 👉 1그룹 동사 + に行く
~に行く : ~(하)러 가다

앞에서 배운 ます형 뒤에 「ます」대신 「に行く」를 붙이면 '~(하)러 가다'라는 뜻이 돼요.

1그룹 동사

　　　う단　　　　い단
　　　泳ぐ　　→　泳ぎ　　+　に行く　　→　泳ぎに行く
　　　수영하다　　ます형　　　~(하)러 가다　　　수영하러 가다

*예외 1그룹 동사도 1그룹 동사이므로 활용법이 동일합니다.

🌱 자주 쓰이는 동사 연습　　　　　Track 19-1

遊ぶ	洗う	直す
놀다	씻다	수리하다, 고치다

새 단어
友だち 친구
~と ~와(과)
トイレ 화장실
手 손
車 자동차

- 友だちと遊びに行く。　　　친구와 **놀러 가다**.
- トイレに手を洗いに行く。　화장실에 손을 **씻으러 가다**.
- 車を直しに行く。　　　　　자동차를 **수리하러 가다**.

🌱 처음 회화

A 週末はプールに泳ぎに行く！
　　주말에는 수영장에 **수영하러 가**!

B いいね！
　　좋네!

핵심포인트 ✌ 2, 3그룹 동사 + に行く

~に行く : ~(하)러 가다

앞에서 배운 ます형 뒤에 「ます」 대신 「に行く」를 붙이면 '~(하)러 가다'라는 뜻이 돼요.

2그룹 동사

すて<s>る</s>	すて	+	に行く	→	すてに行く
버리다	ます형		~(하)러 가다		버리러 가다

3그룹 동사

する (하다) → しに行く (하러 가다)

🌱 자주 쓰이는 동사 연습

借りる	立てる	する
빌리다	세우다	하다

- 本を借りに行く。　　　　책을 빌리러 가다.
- 計画を立てに行く。　　　계획을 세우러 가다.
- 宿題をしに行く。　　　　숙제를 하러 가다.

새 단어
本 책
週末 주말
何 뭐, 무엇
図書館 도서관
~に ~에
勉強 공부

🌱 처음 회화

A 週末は何する？
주말은 뭐해?

B 図書館に勉強しに行く！
도서관에 공부**하러 간다**!

핵심 포인트 | 1그룹 동사 + に来る
~に来る: ~(하)러 오다

앞에서 배운 ます형 뒤에「ます」대신「に来る」를 붙이면 '~(하)러 오다'라는 뜻이 돼요.

1그룹 동사				
言う (말하다) [う단] → 言い (ます형) [い단]	+	に来る (~(하)러 오다)	→	言いに来る (말하러 오다)
泳ぐ (수영하다) → 泳ぎ (ます형)	+	に来る (~(하)러 오다)	→	泳ぎに来る (수영하러 오다)

🌱 자주 쓰이는 동사 연습

探す 찾다	撮る 찍다	学ぶ 배우다

새 단어
忘れ物 분실물
写真 사진
イギリス 영국
英語 영어

- 忘れ物を探しに来る。　　분실물을 **찾으러 오다**.
- 写真を撮りに来る。　　사진을 **찍으러 오다**.
- イギリスに英語を学びに来る。　영국에 영어를 **배우러 오다**.

🌱 처음 회화

Ⓐ にもつを取りに来ました。
　 짐을 **가지러 왔습니다**.

Ⓑ はい、少々お待ちください。
　 네, 잠깐 기다려 주세요.

핵심포인트 2. 3그룹 동사 + に来る

~に来る: ~(하)러 오다

앞에서 배운 ます형 뒤에 「ます」대신 「に来る」를 붙이면 '~(하)러 오다'라는 뜻이 돼요.

2그룹 동사

すて~~る~~ (버리다) → すて (ます형) + に来る (~(하)러 오다) → **すてに来る** (버리러 오다)

3그룹 동사

する (하다) → **しに来る** (하러 오다)

🌱 자주 쓰이는 동사 연습

食べる	迎える	する
먹다	마중하다	하다

- 昼ごはんを食べに来る。 점심밥을 **먹으러 오다**.
- 父が空港に迎えに来る。 아버지가 공항에 **마중하러 오다**.
- 図書館に宿題をしに来る。 도서관에 숙제를 **하러 오다**.

새 단어
- 昼ごはん 점심밥
- 父 아버지, 아빠
- 空港 공항
- 図書館 도서관
- 宿題 숙제

🌱 처음 회화

A 何をしに来ましたか。
무엇을 **하러 왔습니까**?

B 運動をしに来ました。
운동을 **하러 왔습니다**.

핵심 포인트 ~に行く의 다양한 활용 표현

~に行く(~(하)러 가다)에서 行く에 ます, ません, ました 등을 붙여 '~(하)러 갑니다, ~(하)러 가지 않습니다, ~(하)러 갔습니다' 등 존댓말이나 부정형, 과거형으로 활용할 수 있어요.

~に行く
~(하)러 가다

~に行き + ます / ません / ました / ませんでした / ましょう / ましょうか / ませんか
→
- ~に行きます　　　　~(하)러 갑니다
- ~に行きません　　　~(하)러 가지 않습니다
- ~に行きました　　　~(하)러 갔습니다
- ~に行きませんでした　~(하)러 가지 않았습니다
- ~に行きましょう　　~(하)러 갑시다
- ~に行きましょうか　~(하)러 갈까요
- ~に行きませんか　　~(하)러 가지 않겠습니까

🌱 자주 쓰이는 동사 연습

- 今、会いに行きます。　지금, 만나러 갑니다.
- 映画を見に行きましょうか。　영화를 보러 갈까요?

会う
만나다

見る
보다

🌱 처음 회화

A 公園にさんぽに行く？
공원에 산책하러 갈래?

B いいよ！
좋지!

새 단어
今 지금

더 알아보기
~に行く는 동사 ます형 뿐만 아니라 **동작이 포함되어 있는 명사** 뒤에도 붙여서 '~(하)러 가다'라는 의미로 사용합니다.

예
さんぽに行く。
산책하러 가다.

핵심포인트 | ~に来る의 다양한 활용 표현

~に来る(~(하)러 오다)에서 来る에 ます, ません, ました 등을 붙여 '~(하)러 옵니다, ~(하)러 오지 않습니다, ~(하)러 왔습니다' 등 존댓말이나 부정형, 과거형으로 활용할 수 있어요.

~(하)러 오다

~に来 +		→	
	ます	~に来ます	~(하)러 옵니다
	ません	~に来ません	~(하)러 오지 않습니다
	ました	~に来ました	~(하)러 왔습니다
	ませんでした	~に来ませんでした	~(하)러 오지 않았습니다
	ましょう	~に来ましょう	~(하)러 옵시다
	ましょうか	~に来ましょうか	~(하)러 올까요
	ませんか	~に来ませんか	~(하)러 오지 않겠습니까

🌱 자주 쓰이는 동사 연습

- 本を読みに来ませんでした。
  책을 읽으러 오지 않았습니다.

- 仕事を助けに来ました。 일을 도우러 왔습니다.

読む 읽다

助ける 돕다

새 단어
本 책
仕事 일

🌱 처음 회화

Ⓐ うちに宿題をしに来る？
   우리 집에 숙제하러 올래?

Ⓑ 今日はダメ。
   오늘은 안 돼.

する 하다

더 알아보기
~に来る는 동사 ます형 뿐만 아니라 **동작이 포함되어 있는 명사** 뒤에도 붙여서 '~(하)러 오다'라는 의미로 사용합니다.
예
食事に来る。 식사하러 오다.

 **다지기**

1 다음 제시된 동사에 「に行く」, 「に来る」를 붙여 표를 채워보세요.

	~に行く ~(하)러 가다	~に来る ~(하)러 오다
買う 사다	①	②
話す 이야기하다	③	④
食べる 먹다	⑤	⑥
する 하다	⑦	⑧

2 다음 문장에서 빈 칸에 들어갈 말을 써 보세요.

❶ 服を（　　　　　　）。
옷을 사러 가다. 　　　💡買う 사다

❷ 金曜日は中国語を（　　　　　　）。
금요일은 중국어를 배우러 갑니다. 　　　💡学ぶ 배우다

❸ 傘を（　　　　　　）。
우산을 돌려주러 오다. 　　　💡返す 돌려주다

❹ ゴミを（　　　　　　）。
쓰레기를 버리러 갔습니다. 　　　💡すてる 버리다

❺ また運動（　　　　　　）。
또 운동하러 옵시다. 　　　💡する 하다

새 단어

服 옷 | 金曜日 금요일 | 中国語 중국어 | 傘 우산 | ゴミ 쓰레기 | また 또 | 運動 운동

3 다음 문장을 일본어로 작성해 보세요.

① _____ 。

책을 빌리러 가다.

🔆 本 책, 借りる 빌리다

② _____ 。

도서관에 숙제를 하러 오다.

🔆 図書館 도서관, 宿題 숙제, する 하다

③ _____ 。

지금, 만나러 갑니다.

🔆 今 지금, 会う 만나다

JLPT 기출변형 맛보기

문법형식 판단 유형

1 다음 중 ( )에 무엇을 넣습니까? 1·2·3·4에서 가장 적절한 것을 한 개 골라 주세요.

① 公園に（　　）に行く。 공원에 놀러 가다.

　1 遊ぶ　　　2 遊び　　　3 遊ば　　　4 遊べ

② コンビニにお弁当を（　　）に行きます。 편의점에 도시락을 사러 갑니다.

　1 買う　　　2 買わ　　　3 買い　　　4 買え

문장 만들기 유형

2 ★ 에 들어갈 것은 무엇입니까? 1·2·3·4에서 가장 적절한 것을 한 개 골라 주세요.

① 犬と ____ ____ ★ ____ 。 강아지와 산책하러 가다.

　1 さんぽ　　2 に　　　　3 し　　　　4 行く

② 週末は ____ ★ ____ ____ に行く。 주말에는 일본어를 공부하러 간다.

　1 日本語　　2 し　　　　3 を　　　　4 勉強

Chapter 20

동사 ます형과 함께 쓸 수 있는 표현 ②

이번 챕터에서는 동사 뒤에 ます대신 たい(~(하)고 싶다)를 붙여 다양한 표현을 만드는 방법에 대해 배워봅시다.

핵심 포인트

1, 2, 3그룹 동사 + たい

~たい: ~(하)고 싶다

앞에서 배운 ます형 뒤에 「ます」대신 「たい」를 붙이면 '~(하)고 싶다'라는 뜻이 돼요.

1그룹 동사

泳ぐ (수영하다) [う단] → 泳ぎ (ます형) [い단] + たい (~(하)고 싶다) → 泳ぎたい (수영하고 싶다)

2그룹 동사

すてる (버리다) → すて (ます형) + たい (~(하)고 싶다) → すてたい (버리고 싶다)

3그룹 동사

する (하다) → したい (하고 싶다)

来る (오다) → 来たい (오고 싶다)

자주 쓰이는 동사 연습   Track 20-1

- 東京で 住みたい。   도쿄에서 **살고 싶다**.
- 日本語を 教えたい。   일본어를 **가르치고 싶다**.

처음 회화

A: 山田くんはいつ 結婚したい？
   야마다 군은 언제 결혼**하고 싶어**?

B: ３５歳のごろに したい！
   35살쯤에 **하고 싶어**!

住む 살다
教える 가르치다
する 하다

새 단어
- ~で ~에서
- 日本語 일본어
- ~くん ~군
- いつ 언제
- 結婚 결혼
- ~歳 ~살, ~세
- ~ごろ ~쯤, ~무렵

핵심포인트 ~たい의 다양한 활용 표현

~たい(~(하)고 싶다)가 い형용사는 아니지만 い형용사와 마찬가지로 마지막 글자가 い로 끝나므로 과거형(~(하)고 싶었다), 부정형(~(하)고 싶지 않다), 과거 부정형(~(하)고 싶지 않았다)등을 만드는 방법이 **い형용사와 동일**해요.

~い ~(하)다	~~い~~ かった ~(했)다	~~い~~ くない ~(하)지 않다	~~い~~ くなかった ~(하)지 않았다
おいしい 맛있다	おいしかった 맛있었다	おいしくない 맛있지 않다	おいしくなった 맛있지 않았다
~たい ~(하)고 싶다	~~たい~~ かった ~(하)고 싶었다	~~たい~~ くない ~(하)고 싶지 않다	~~たい~~ くなかった ~(하)고 싶지 않았다
買いたい 사고 싶다	買いたかった 사고 싶었다	買いたくない 사고 싶지 않다	買いたくなかった 사고 싶지 않았다

🌱 자주 쓰이는 동사 연습

- 今日は家で休みたかった。 오늘은 집에서 **쉬고 싶었다**.
- 何も食べたくない。 아무것도 **먹고 싶지 않다**.

休む 쉬다
食べる 먹다

새 단어
今日 오늘
家 집
何も 아무것도

🌱 처음 회화

A ここは店員はが不親切だね。
여기는 점원이 불친절하다.

B そうだね。今度は来たくない。
그러게. 다음번은 **오고 싶지 않다**.

来る 오다

더 알아보기

'~를 (하)고 싶다'라고 할 때 たい앞에 **조사 を대신 が**를 쓸 수도 있어요. 이 때는 '(하)고 싶다'는 의미를 더욱 **강조하는 뉘앙스**가 돼요.

예
스마트폰을 사고 싶다.
スマホを買いたい。
スマホが買いたい。

핵심 포인트 | 명사 + がほしい
~がほしい: ~을(를) 갖고 싶다

ほしい는 '갖고 싶다'라는 의미의 표현이에요. ほしい앞에는 조사 を대신 が를 써야 한다는 점에 주의해야 해요.

* ~을(를) 갖고 싶다: ~をほしい(x)   ~がほしい(O)

| かばん
가방 | + | が
을(를) | ほしい
갖고 싶다 | → | かばんがほしい
가방을 갖고 싶다 |

🌱 자주 쓰이는 동사 연습

| くつ
신발, 구두 | 時計(とけい)
시계 | ペット
반려동물 |

- 新(あたら)しいくつがほしい。   새 신발을 갖고 싶다.
- あの時計(とけい)がほしい。   저 시계를 갖고 싶다.
- ペットがほしい。   반려동물을 갖고 싶다.

🌱 처음 회화

A プレゼントで何(なに)がほしい？
선물로 뭐를 갖고 싶어?

B えっと、財布(さいふ)がほしい！
음, 지갑을 갖고 싶어!

새 단어
新(あたら)しい 새롭다
あの 저
プレゼント 선물
~で ~로
何(なに) 뭐, 무엇
財布(さいふ) 지갑

핵심포인트 | ~ほしい의 다양한 활용 표현

ほしい(갖고 싶다)는 い형용사예요. 따라서 과거형(~(갖)고 싶었다), 부정형(~(갖)고 싶지 않다), 과거 부정형(~(갖)고 싶지 않았다)등을 만들 때는 い형용사의 활용 방법대로 만들면 돼요.

~い ~(하)다	~~~い~~かった ~(했)다	~~~い~~くない ~(하)지 않다	~~~い~~くなかった ~(하)지 않았다
おいしい 맛있다	おいしかった 맛있었다	おいしくない 맛있지 않다	おいしくなった 맛있지 않았다
~ほしい 갖고 싶다	~ほし~~い~~かった 갖고 싶었다	~ほし~~い~~くない 갖고 싶지 않다	~ほし~~い~~くなかった 갖고 싶지 않았다

* 맨 뒤에 です만 붙이면 존댓말이 돼요.

: ~ほしいです(갖고 싶습니다), ~ほしかったです(갖고 싶었습니다),
~ほしくないです(갖고 싶지 않습니다), ~ほしくなかったです(갖고 싶지 않았습니다)

자주 쓰이는 예문 연습

傘(かさ) 우산	時間(じかん) 시간	ケータイ 휴대 전화

새 단어
青色(あおいろ) 파란색
ちょっと 잠깐, 조금

- 青色(あおいろ)の傘(かさ)がほしかった。 파란색 우산을 갖고 싶었다.
- ちょっと時間(じかん)がほしいです。 잠깐 시간을 갖고 싶습니다.
- ケータイがほしくなかった。 휴대 전화를 갖고 싶지 않았다.

처음 회화

A このかばんがほしいです。いくらですか。
이 가방을 갖고 싶습니다. 얼마입니까?

B 1万円です。
1만엔입니다.

 다지기

1 다음 제시된 동사에 「たい」를 붙여 왼쪽 표를 채워보세요.
다음 한국어에 해당하는 일본어 표현을 작성하여 오른쪽 표를 채워보세요.

	〜たい 〜(하)고 싶다
買う 사다	①
話す 이야기하다	②
帰る 돌아가다	③
来る 오다	④

갖고 싶다	⑤
갖고 싶었다	⑥
갖고 싶지 않다	⑦
갖고 싶지 않았다	⑧
갖고 싶습니다	⑨

2 다음 문장에서 빈 칸에 들어갈 말을 써 보세요.

❶ 新しいパソコンを（　　　　　　　　）。
새 컴퓨터를 사고 싶다.　　　　　　💡買う 사다

❷ すしが（　　　　　　　　）。
스시가 먹고 싶습니다.　　　　　　💡食べる 먹다

❸ この財布（　　　　　　　　）。
이 지갑을 갖고 싶습니다.　　　　　💡ほしい 갖고 싶다

❹ 家で（　　　　　　　　）。
집에서 쉬고 싶었다.　　　　　　　💡休む 쉬다

❺ 明日は勉強（　　　　　　　　）。
내일은 공부하고 싶지 않다.　　　　💡する 하다

새 단어

新しい 새롭다 ｜ パソコン 컴퓨터 ｜ すし 스시 ｜ この 이 ｜ 財布 지갑 ｜ 家 집 ｜ 〜で 〜에서 ｜ 明日 내일 ｜ 勉強 공부

3 다음 문장을 일본어로 작성해 보세요.

① _____。 💡東京 도쿄, 住む 살다

도쿄에서 살고 싶다.

② _____。 💡あの 저, 時計 시계

저 시계를 갖고 싶다.

③ _____。 💡ちょっと 잠깐, 時間 시간

잠깐 시간을 갖고 싶습니다.

JLPT 기출변형 맛보기

[문법형식 판단 유형]

1 다음 중 (　)에 무엇을 넣습니까? 1·2·3·4에서 가장 적절한 것을 한 개 골라 주세요.

① 今日は早く（　　　）。 오늘은 일찍 자고 싶습니다.

　1 ねたい　　　　2 ねたいです　　　3 ねりたい　　　4 ねりたいです

② 図書館で日本語の勉強が（　　　）。 도서관에서 일본어 공부를 하고 싶다.

　1 すりたい　　　2 したいです　　　3 すたい　　　　4 したい

[문장 만들기 유형]

2 ★ 에 들어갈 것은 무엇입니까? 1·2·3·4에서 가장 적절한 것을 한 개 골라 주세요.

① 一人で ____ ____ ★ ____ 。 혼자서 세계 여행을 하고 싶습니다.

　1 が　　　　　　2 世界旅行　　　　3 です　　　　　4 したい

② 新しい ____ ★ ____ ____ 。 새 휴대 전화를 갖고 싶습니다.

　1 ほしい　　　　2 ケータイ　　　　3 が　　　　　　4 です

Chapter 11~20 중간 평가

🍃 괄호 안의 단어를 활용하여 문장을 완성해 보세요.

❶ パスポートは _____ 。 〔 必要だ 〕
여권은 필요하지 않다.

❷ 外はとても _____ 。 〔 静かだ 〕
밖은 매우 조용했습니다.

❸ 体が _____ 。 〔 丈夫だ 〕
몸이 튼튼해지다.

❹ 夫は青色 _____ 。 〔 好きだ 〕
남편은 파란색을 좋아합니다.

❺ _____ おいしい。 〔 高い 〕
비싸지만 맛있다.

❻ 次の駅で _____ 。 〔 降りる 〕
다음 역에서 내립니다.

❼ トイレで手を _____ 。 〔 洗う 〕
화장실에서 손을 씻습니다.

❽ 少し _____ 。 〔 急ぐ 〕
조금 서두릅시다.

❾ 服を _____ 。 〔 買う 〕
옷을 사러 가다.

❿ この財布 _____ 。 〔 ほしい 〕
이 지갑을 갖고 싶습니다.

핵심 문장 연습

🍃 다음 한국어 문장을 일본어로 말해보세요.

❶ 요시다 씨는 매우 성실했다.　　　　　　　　　　↪ Chapter 11로 돌아가기

❷ 이 신발은 편하지 않습니다.　　　　　　　　　　↪ Chapter 12로 돌아가기

❸ 이 가게의 야채는 신선하고 맛있다.　　　　　　　↪ Chapter 13로 돌아가기

❹ 축구를 좋아한다.　　　　　　　　　　　　　　　↪ Chapter 14로 돌아가기

❺ 냉장고에 우유밖에 없다.　　　　　　　　　　　　↪ Chapter 15로 돌아가기

❻ 인배 씨는 독일어도 잘한다.　　　　　　　　　　↪ Chapter 16로 돌아가기

❼ 밤 10시 전에 잡니다.　　　　　　　　　　　　　↪ Chapter 17로 돌아가기

❽ 숙제를 냈습니다.　　　　　　　　　　　　　　　↪ Chapter 18로 돌아가기

❾ 책을 빌리러 가다.　　　　　　　　　　　　　　　↪ Chapter 19로 돌아가기

❿ 오늘은 집에서 쉬고 싶었다.　　　　　　　　　　↪ Chapter 20로 돌아가기

✎ 부족한 부분은 해당하는 챕터로 돌아가서 복습하세요. ☺

'~(하)고, ~(해)서'라는 의미의 동사 て형

이번 챕터에서는 동사 뒤에 て를 붙여 '~(하)고, ~(해)서'라는 의미의 연결형을 만드는 방법에 대해 배워봅시다.
1그룹 동사의 경우, 마지막 글자가 무엇이냐에 따라서 て를 붙이는 방법이 달라지므로 특히 주의해야 합니다.

핵심 포인트 1그룹 동사 + て ①
~て: ~(하)고, ~(해)서

~う・~つ・~る로 끝나는 동사

1그룹 동사 중 마지막 글자가 う・つ・る로 끝나는 동사의 경우, 마지막 글자를 삭제한 후 って를 붙이면 '~(하)고, ~(해)서'라는 뜻이 돼요.

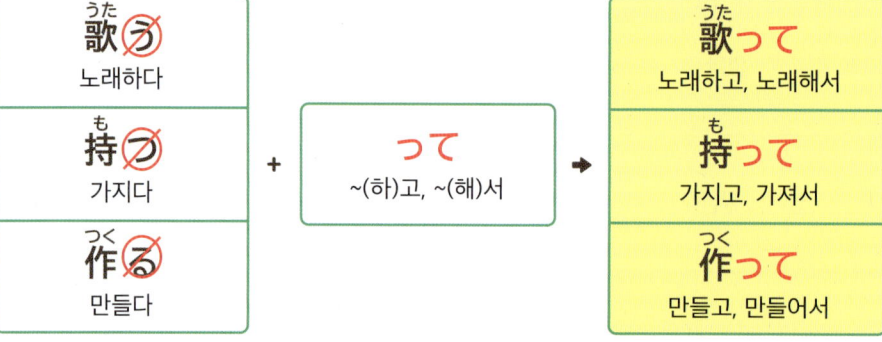

자주 쓰이는 동사 연습   Track 21-1

- 歌っておどる。   노래하고 춤추다.
- 傘を持って行く。   우산을 가지고 가다.
- サンドイッチを作って食べる。   샌드위치를 만들어서 먹다.

새 단어
おどる 춤추다
傘 우산
行く 가다
サンドイッチ 샌드위치
食べる 먹다

처음 회화

Ⓐ 明日は学校にお弁当を持って行きます。
  내일은 학교에 도시락을 가지고 갑니다.

Ⓑ えー！えんそくですか。
  오-! 소풍입니까?

핵심포인트 | 1그룹 동사 + て ②
~て: ~(하)고, ~(해)서

~ぬ・~む・~ぶ로 끝나는 동사

1그룹 동사 중 마지막 글자가 ぬ・む・ぶ로 끝나는 동사의 경우, 마지막 글자를 삭제한 후 んで를 붙이면 '~(하)고, ~(해)서'라는 뜻이 돼요.

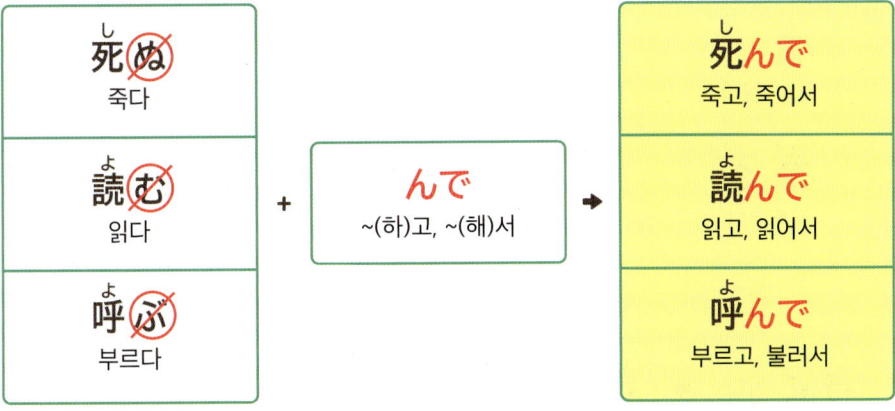

🌱 자주 쓰이는 동사 연습

- ペットが死んで悲しい。
  반려동물이 **죽어서** 슬프다.

- 本を読んで寝ました。
  책을 **읽고** 잤습니다.

- 友だちを呼んで遊びました。
  친구를 **불러서** 놀았습니다.

새 단어
ペット 반려동물
悲しい 슬프다
本 책
寝る 자다
友だち 친구
遊ぶ 놀다

🌱 처음 회화

A 朝、何をしましたか。
아침에, 무엇을 했습니까?

B 新聞を読んでごはんを食べました。
신문을 **읽고** 밥을 먹었습니다.

핵심 포인트 1그룹 동사 + て ③
~て : ~(하)고, ~(해)서

~く・~ぐ로 끝나는 동사

1그룹 동사 중 마지막 글자가 く・ぐ로 끝나는 동사의 경우, 마지막 글자를 삭제한 후 いて・いで를 붙이면 '~(하)고, ~(해)서'라는 뜻이 돼요.

※ 예외 동사 行く : 行く는 く로 끝나지만 行いて가 아닌 行って가 돼요.

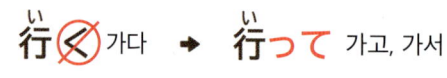

す로 끝나는 동사

1그룹 동사 중 마지막 글자가 す로 끝나는 동사의 경우, 마지막 글자를 삭제한 후 して를 붙이면 '~(하)고, ~(해)서'라는 뜻이 돼요.

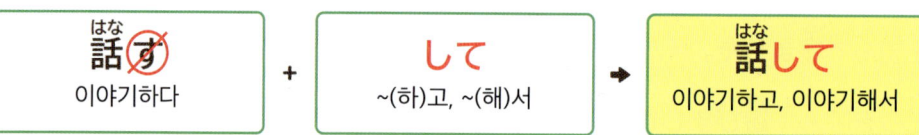

🌱 자주 쓰이는 동사 연습

- ケータイを置いて来ました。 휴대 전화를 **두고** 왔습니다.
- 急いで学校に行く。 **서둘러서** 학교에 가다.
- ジムに行って運動をしました。 체육관에 **가서** 운동을 했습니다.

🌱 처음 회화

Ⓐ　ドアはどうやって開ける？
문은 어떻게 열어?

Ⓑ　このボタンを押して開ける！
이 버튼을 눌러서 열어!

새 단어

ケータイ 휴대 전화
来る 오다
学校 학교
行く 가다
ジム 체육관
運動 운동
する 하다

핵심포인트 2, 3그룹 동사 + て
~て : ~(하)고, ~(해)서

2그룹 동사

마지막 글자 る를 삭제한 후 て를 붙이면 '~(하)고, ~(해)서'라는 뜻이 돼요.

| 起き~~る~~ 일어나다 | + | て ~(하)고, ~(해)서 | → | 起きて 일어나고, 일어나서 |
| 食べ~~る~~ 먹다 | + | て ~(하)고, ~(해)서 | → | 食べて 먹고, 먹어서 |

3그룹 동사

규칙이 없기 때문에 암기해야 해요. 3그룹에는 동사가 2개(する、来る) 밖에 없으므로 어렵지 않게 암기할 수 있을 거예요.

| する 하다 | → | して 하고, 해서 | | 来る 오다 | → | 来て 오고, 와서 |

🌱 자주 쓰이는 동사 연습

- 朝起きて新聞を読みます。 아침에 **일어나서** 신문을 읽습니다.
- ごはんを食べてコーヒーを飲みます。 밥을 **먹고** 커피를 마십니다.
- ジョギングをして会社に行きます。 조깅을 **하고** 회사에 갑니다.

새 단어
朝 아침
新聞 신문
読む 읽다
ごはん 밥
コーヒー 커피
飲む 마시다
ジョギング 조깅
会社 회사
行く 가다

🌱 처음 회화

Ⓐ 昨日は何をしましたか。
어제는 무엇을 했습니까?

Ⓑ 家に友だちが来て一緒に遊びました。
집에 친구가 **와서** 같이 놀았습니다.

핵심포인트 동사 て형 뒤에 연결해서 쓰는 표현 ①
~ている: ~(하)고 있다(진행), ~(해) 있다(상태)

앞에서 배운 て형(~(하)고, ~(해)서) 뒤에 いる(있다)를 붙이면 '~(하)고 있다, ~(해) 있다'라는 뜻의 표현이 돼요.

1그룹 동사

は〈く〉 (하의를) 입다 → はいて 입고 + いる 있다 → はいている 입고 있다

2그룹 동사

着る (상의를) 입다 → 着て 입고 + いる 있다 → 着ている 입고 있다

3그룹 동사

する 하다 → している 하고 있다

来る 오다 → 来ている 오고 있다, 와 있다

🌱 자주 쓰이는 동사 연습

- 田中さんはジーパンをはいている。 다나카 씨는 청바지를 **입고 있다**.
- インベさんは青色のシャツを着ている。 인베 씨는 파란색 셔츠를 **입고 있다**.
- むすこは部屋で宿題をしている。 아들은 방에서 숙제를 **하고 있다**.

🌱 처음 회화

A 妹はいつ来る？
여동생은 언제 와?

B もう来ているよ！
이미 **와 있어**!

새 단어

ジーパン 청바지
青色 파란색
シャツ 셔츠
むすこ 아들
部屋 방
~で ~에서
宿題 숙제

핵심 포인트  동사 て형 뒤에 연결해서 쓰는 표현 ②
~ています: ~(하)고 있습니다(진행), ~(해) 있습니다(상태)

앞에서 배운 て형(~(하)고, ~(해)서) 뒤에 います(있습니다)를 붙이면 '~(하)고 있습니다, ~(해) 있습니다'라는 뜻의 표현이 돼요.

1그룹 동사

| 読む 읽다 / 読んで 읽고 | + | います 있습니다 | → | 読んでいます 읽고 있습니다 |

2그룹 동사

| 見る 보다 / 見て 보고 | + | います 있습니다 | → | 見ています 보고 있습니다 |

3그룹 동사

する 하다 → しています 하고 있습니다

来る 오다 → 来ています 오고 있습니다, 와 있습니다

🌱 자주 쓰이는 동사 연습

 むすめは小説を読んでいます。　딸은 소설을 읽고 있습니다.

 父はリビングでテレビを見ています。　아버지는 거실에서 텔레비전을 보고 있습니다.

● 母はそうじをしています。　어머니는 청소를 하고 있습니다.

🌱 처음 회화

Ⓐ おじいさんはリビングで何をしていますか。
할아버지는 거실에서 무엇을 하고 있습니까?

Ⓑ 新聞を読んでいます。
신문을 읽고 있습니다.

새 단어

むすめ 딸
小説 소설
父 아버지, 아빠
リビング 거실
テレビ 텔레비전
母 어머니, 엄마
そうじ 청소

 다지기

1 다음 제시된 동사에「て」、「ている」、「ています」를 붙여 표를 채워보세요.

	~て ~(하)고, ~(해)서	~ている ~(하)고 있다	~ています ~(하)고 있습니다
買う 사다	①	②	③
話す 이야기하다	④	⑤	⑥
食べる 먹다	⑦	⑧	⑨
来る 오다	⑩	⑪	⑫

2 다음 문장에서 빈 칸에 들어갈 말을 써 보세요.

❶ 場所を（　　　　　　　）話す。
장소를 옮겨서 이야기하다. 　　　💡移す 옮기다

❷ ソウルに（　　　　　　　）。
서울에 살고 있습니다. 　　　💡住む 살다

❸ 音楽を（　　　　　　　）。
음악을 듣고 있다. 　　　💡きく 듣다

❹ 着物を（　　　　　　　）神社に行きます。
기모노를 입고 신사에 갑니다. 　　　💡着る 입다

❺ 毎朝運動を（　　　　　　　）。
매일 아침 운동을 하고 있습니다. 　　　💡する 하다

새 단어

場所 장소 | 話す 이야기하다 | ソウル 서울 | 音楽 음악 | 着物 기모노(일본 전통의상) | 神社 신사(일본의 사당) | 行く 가다
毎朝 매일 아침 | 運動 운동

3 다음 문장을 일본어로 작성해 보세요.

① _____ 。
우산을 가지고 가다.

💡 傘 우산, 持つ 가지다, 行く 가다

② _____ 。
아들은 방에서 숙제를 하고 있다.

💡 むすこ 아들, 部屋 방, ~で ~에서, 宿題 숙제, する 하다

③ _____ 。
아버지는 거실에서 텔레비전을 보고 있습니다.

💡 父 아버지, リビング 거실, テレビ 텔레비전, 見る 보다

JLPT 기출변형 맛보기

문법형식 판단 유형

1 다음 중 (　)에 무엇을 넣습니까? 1·2·3·4에서 가장 적절한 것을 한 개 골라 주세요.

① 席に（　　）待ちます。 자리에 앉아서 기다립니다.

　　1 座いて　　　2 座って　　　3 座て　　　4 座んで

② ピアノを（　　）歌います。 피아노를 연주하고 노래합니다.

　　1 ひく　　　2 ひきて　　　3 ひって　　　4 ひいて

문장 만들기 유형

2 ★ 에 들어갈 것은 무엇입니까? 1·2·3·4에서 가장 적절한 것을 한 개 골라 주세요.

① パンをたくさん ____ ____ ★ ____ いっぱいです。 빵을 많이 먹어서 배가 부릅니다.

　　1 が　　　2 食べ　　　3 おなか　　　4 て

② 昨日デパートに ____ ★ ____ ____ 。 어제 백화점에 가서 쇼핑했습니다.

　　1 を　　　2 行って　　　3 買い物　　　4 しました

Chapter 21 '~(하)고, ~(해)서'라는 의미의 동사 て형

동사 て형, ます형과 함께 쓸 수 있는 부탁 표현

이번 챕터에서는 동사 뒤에 て대신 てください((해) 주세요),
ます대신 なさい((해)라, (하)세요)를 붙여
부탁 표현을 만드는 방법에 대해 배워봅시다.

핵심 포인트 👍 1그룹 동사 + てください

~てください: ~(해) 주세요

1그룹 동사

앞에서 배운 て형 뒤에 ください(주세요)를 붙이면 '~(해) 주세요'라는 뜻의 표현이 돼요.

話す (이야기하다) → 話して (て형) + ください (주세요) → 話してください (이야기해 주세요)

*1그룹 동사는 마지막 글자가 무엇이냐에 따라서 て를 붙이는 방법이 달라지므로 주의해야 합니다.

🌱 자주 쓰이는 동사 연습

Track 22-1

待つ	書く	座る
기다리다	쓰다	앉다

새 단어
ちょっと 잠깐, 조금
えんぴつ 연필
～で ~로
席 자리

- ちょっと待ってください。   잠깐 **기다려 주세요**.
- えんぴつで書いてください。   연필로 **써 주세요**.
- 席に座ってください。   자리에 **앉아 주세요**.

🌱 처음 회화

Ⓐ 席から立ってください。
자리에서 **일어나 주세요**.

Ⓑ はい！
네!

핵심포인트 2. 3그룹 동사 + てください

~てください: ~(해) 주세요

2그룹 동사

앞에서 배운 て형 뒤에 ください(주세요)를 붙이면 '~(해) 주세요'라는 뜻의 표현이 돼요.

片付け~~る~~ (정리하다) → 片付けて (て형) + ください (주세요) → **片付けてください** (정리해 주세요)

3그룹 동사

규칙이 없기 때문에 암기해야 해요. 3그룹에는 동사가 2개(する、来る) 밖에 없으므로 어렵지 않게 암기할 수 있을 거예요.

| する (하다) | → | **してください** (해 주세요) | | 来る (오다) | → | **来てください** (와 주세요) |

🌱 자주 쓰이는 동사 연습

やめる	見る	する
그만두다	보다	하다

- いたずらを**やめてください**。   장난을 **그만둬 주세요**.
- こちらを**見てください**。   이쪽을 **봐 주세요**.
- このページをコピー**してください**。   이 페이지를 복사**해 주세요**.

🌱 처음 회화

A また**来てください**ね。
또 **와 주세요**.

B はい、もちろんです！
네, 그럼요!

새 단어
いたずら 장난
こちら 이쪽
この 이
ページ 페이지
コピー 복사, 카피

핵심 포인트: 1그룹 동사 + なさい

~なさい: ~(해)라, ~(하)세요

1그룹 동사

앞에서 배운 ます형 뒤에 なさい를 붙이면 '~(해)라, ~(하)세요'라는 뜻의 표현이 돼요.

자주 쓰이는 동사 연습

消す	急ぐ	出す
끄다	서두르다	제출하다, 내다

- テレビを消しなさい。　　　　텔레비전을 **꺼라**.
- 少し急ぎなさい。　　　　　　조금 **서둘러라**.
- レポートは金曜日まで出しなさい。 리포트는 금요일까지 **제출하세요**.

처음 회화

A 本も読みなさい。
　　책도 읽어라.

B もう読みました。
　　이미 읽었습니다.

새 단어
- テレビ 텔레비전
- 少し 조금
- レポート 리포트
- 金曜日 금요일
- ~まで ~까지

핵심 포인트 / 2, 3그룹 동사 + なさい

~なさい: ~(해)라, ~(하)세요

2그룹 동사

앞에서 배운 ます형 뒤에 なさい를 붙이면 '~(해)라, ~(하)세요'라는 뜻의 표현이 돼요.

| すて~~る~~ 버리다 | すて ます형 | + | なさい ~(해)라, ~(하)세요 | → | すてなさい 버려라, 버리세요 |

3그룹 동사

규칙이 없기 때문에 암기해야 해요. 3그룹에는 동사가 2개(する、来る) 밖에 없으므로 어렵지 않게 암기할 수 있을 거예요.

| する 하다 | → | しなさい 해라, 하세요 |

| 来(く)る 오다 | → | 来(き)なさい 와라, 오세요 |

자주 쓰이는 동사 연습

| 答(こた)える 대답하다 | 食(た)べる 먹다 | 来(く)る 오다 |

- 質問(しつもん)に 答(こた)えなさい。   질문에 **대답해라**.
- やさいも 食(た)べなさい。   야채도 **먹어라**.
- 早(はや)く 来(き)なさい。   빨리 **와라**.

새 단어
- 質問(しつもん) 질문
- やさい 야채
- ~も ~도
- 早(はや)く 빨리

처음 회화

A 早(はや)く 宿題(しゅくだい) しなさい。
빨리 숙제 **해라**.

B はーい！
네-!

 다지기

1 다음 제시된 동사에 「てください」, 「なさい」를 붙여 표를 채워보세요.

	~てください ~(해) 주세요	~なさい ~(해)라, ~(하)세요
話す 이야기하다	①	②
帰る 돌아가다	③	④
見る 보다	⑤	⑥
する 하다	⑦	⑧

2 다음 문장에서 빈 칸에 들어갈 말을 써 보세요.

❶ テーブルを（　　　　　）。
테이블을 정리해 주세요.
💡片付ける 정리하다

❷ 少し（　　　　　）。
조금 서둘러라.
💡急ぐ 서두르다

❸ 席に（　　　　　）。
자리에 돌아가라.
💡戻る 돌아가다

❹ いつでも連絡（　　　　　）。
언제든지 연락해 주세요.
💡する 하다

❺ 窓を（　　　　　）。
창문을 열어 주세요.
💡開ける 열다

새 단어

テーブル 테이블 | 少し 조금 | 席 자리 | いつでも 언제든지 | 連絡 연락 | 窓 창문

3 다음 문장을 일본어로 작성해 보세요.

① _____。

잠깐 기다려 주세요.

💡 **ちょっと** 잠깐, **待つ** 기다리다

② _____。

장난을 그만둬 주세요.

💡 **やめる** 그만두다

③ _____。

빨리 와라.

💡 **早く** 빨리, **来る** 오다

JLPT 기출변형 맛보기

문법형식 판단 유형

1 다음 중 (   )에 무엇을 넣습니까? 1·2·3·4에서 가장 적절한 것을 한 개 골라 주세요.

1 早く（   ）。빨리 일어나라.

　1 起きてください　　2 起きてなさい　　3 起きなさい　　4 起きりなさい

2 スプーンも一緒に（   ）。숟가락도 같이 넣어 주세요.

　1 入れてください　　2 入れください　　3 入れてなさい　　4 入れなさい

문장 만들기 유형

2 ★ 에 들어갈 것은 무엇입니까? 1·2·3·4에서 가장 적절한 것을 한 개 골라 주세요.

1 ここに ____ ____ ★ ____ 。여기에 이름을 써 주세요.

　1 ください　　2 名前　　3 を　　4 書いて

2 質問 ____ ★ ____ ____ 。질문을 듣고 답 하세요.

　1 を　　2 なさい　　3 聞いて　　4 答え

'~(했)다'라는 의미의 동사 た형

이번 챕터에서는 동사 뒤에 た를 붙여 '~(했)다'라는 의미의
반말 과거형을 만드는 방법에 대해 배워봅시다.
동사 뒤에 た를 붙이는 방법은 21과에서 배운 동사 뒤에 て를 붙이는 방법과
완전히 동일해서 て대신 た를 붙인다고 생각하면 어렵지 않게 익힐 수 있을 거예요.

핵심 포인트 ☝ 1그룹 동사 + た ①
~た: ~(했)다

> ~う·~つ·~る로 끝나는 동사

1그룹 동사 중 마지막 글자가 う·つ·る로 끝나는 동사의 경우, 마지막 글자를 삭제한 후 った를 붙이면
'~(했)다'라는 뜻이 돼요.

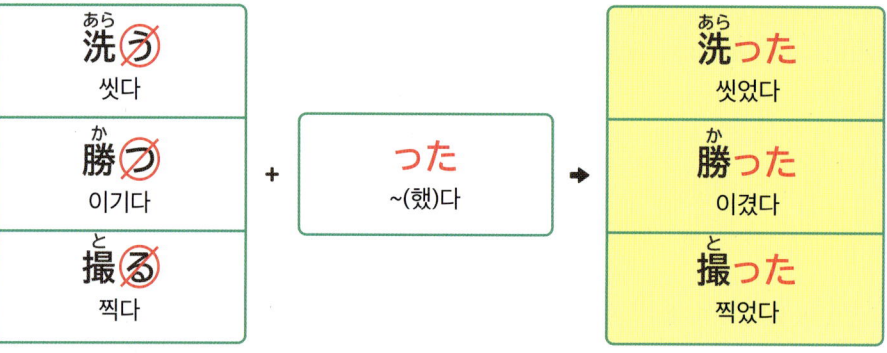

🌱 자주 쓰이는 동사 연습

Track 23-1

- 野菜を洗った。　　　야채를 **씻었다**.
- ライバルとの試合で勝った。　　라이벌과의 시합에서 **이겼다**.
- 昨日家族写真を撮った。　　어제 가족 사진을 **찍었다**.

🌱 처음 회화

A 昨日も試合で勝った？
어제도 시합에서 **이겼어**?

B もちろん！
물론이지!

새 단어
野菜 야채
ライバル 라이벌
~と ~와(과)
試合 시합
~で ~에서
昨日 어제
家族 가족
写真 사진

핵심포인트 | 1그룹 동사 + た ②
~た: ~(했)다

~ぬ·~む·~ぶ로 끝나는 동사

1그룹 동사 중 마지막 글자가 ぬ·む·ぶ로 끝나는 동사의 경우, 마지막 글자를 삭제한 후 んだ를 붙이면 '~(했)다'라는 뜻이 돼요.

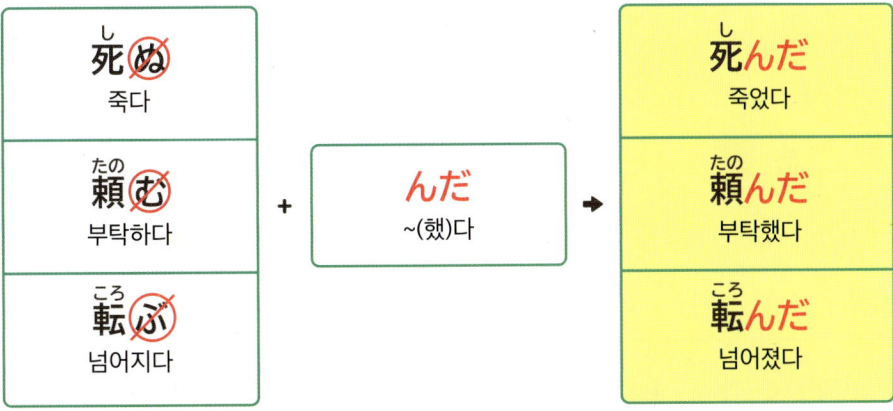

🌱 자주 쓰이는 동사 연습

- ペットが死んだ。 반려동물이 **죽었다**.
- 部屋のそうじを頼んだ。 방 청소를 **부탁했다**.
- 階段で転んだ。 계단에서 **넘어졌다**.

새 단어
ペット 반려동물
部屋 방
そうじ 청소
階段 계단

🌱 처음 회화

Ⓐ 昨日は運動を休んだ。
  어제는 운동을 **쉬었**어.

Ⓑ えー、どうしたの？
  무슨 일 있었어?

Chapter 23 '~(했)다'라는 의미의 동사 た형

핵심 포인트 ✋ 1그룹 동사 + た ③
~た: ~(했)다

~く・~ぐ로 끝나는 동사

1그룹 동사 중 마지막 글자가 く・ぐ로 끝나는 동사의 경우, 마지막 글자를 삭제한 후 いた・いだ를 붙이면 '~(했)다'라는 뜻이 돼요.

| 着~~く~~ 도착하다 | + | いた ~(했)다 | → | 着いた 도착했다 |
| 脱~~ぐ~~ 벗다 | | いだ ~(했)다 | | 脱いだ 벗었다 |

※ 예외 동사 行く: 行く는 く로 끝나지만 行いた가 아닌 行った가 돼요.

行~~く~~ 가다 → 行った 갔다

す로 끝나는 동사

1그룹 동사 중 마지막 글자가 す로 끝나는 동사의 경우, 마지막 글자를 삭제한 후 した를 붙이면 '~(했)다'라는 뜻이 돼요.

| 話~~す~~ 이야기하다 | + | した ~(했)다 | → | 話した 이야기했다 |

🌱 자주 쓰이는 동사 연습

- 駅に着いた。   역에 도착했다.
- 服を脱いだ。   옷을 벗었다.
- 土曜日も会社に行った。   토요일도 회사에 갔다.

🌱 처음 회화

Ⓐ 着いた?
도착했어?

Ⓑ あと10分で着く!
앞으로 10분이면 도착!

새 단어

ケータイ 휴대 전화
来る 오다
学校 학교
行く 가다
ジム 체육관
運動 운동
する 하다

핵심포인트 2, 3그룹 동사 + た

~た: ~(했)다

2그룹 동사

마지막 글자 る를 삭제한 후 た를 붙이면 '~(했)다'라는 뜻이 돼요.

やめ~~る~~ 끊다, 그만두다	+	た ~(했)다	→	やめた 끊었다, 그만두었다
教え~~る~~ 가르치다	+	た ~(했)다	→	教えた 가르쳤다

3그룹 동사

규칙이 없기 때문에 암기해야 해요. 3그룹에는 동사가 2개(する、来(く)る) 밖에 없으므로 어렵지 않게 암기할 수 있을 거예요.

| する 하다 | → | した 했다 | | 来る 오다 | → | 来た 왔다 |

🌱 자주 쓰이는 동사 연습

○ 今年からタバコを やめた。
올해부터 담배를 **끊었다**.

○ 母は学校で日本語を 教えた。
엄마는 학교에서 일본어를 **가르쳤다**.

○ インベさんと一緒にドライブ した。
인배 씨와 함께 드라이브**했다**.

새 단어

今年 올해
~から ~부터
タバコ 담배
母 엄마, 어머니
学校 학교
~で ~에서
日本語 일본어
一緒に 함께
ドライブ 드라이브

🌱 처음 회화

A 昼ごはん 食べた?
점심 **먹었어**?

B ううん、まだ。
아니, 아직.

핵심포인트 동사 た형 뒤에 연결해서 쓰는 표현(1그룹 동사)
~たことがある: ~(한) 적이 있다

1그룹 동사

앞에서 배운 た형 뒤에 ことがある(적이 있다)를 붙이면 '~(한) 적이 있다'라는 뜻의 표현이 돼요.

| 泊ま̶る̶ 숙박하다 | 泊まった た형 | + | ことがある 적이 있다 | → | 泊まったことがある 숙박한 적이 있다 |

| 乗̶る̶ 타다 | 乗った た형 | + | ことがある 적이 있다 | → | 乗ったことがある 탄 적이 있다 |

🌱 자주 쓰이는 동사 연습

| 登る 오르다 | 行く 가다 | 読む 읽다 |

새 단어
小説 소설
カプセルホテル 캡슐 호텔(객실이 캡슐 형태인 숙박 시설)

- 富士山に登ったことがある。　후지산에 **오른 적이 있다**.
- 大阪に行ったことがある。　오사카에 **간 적이 있다**.
- 村上春樹の小説を読んだことがある。　무라카미 하루키의 소설을 **읽은 적이 있다**.

🌱 처음 회화

A 日本のカプセルホテルに泊まったことがありますか。
일본의 캡슐 호텔에 **숙박한 적이 있습니까**?

B はい、あります！
네, 있습니다!

핵심포인트

동사 た형 뒤에 연결해서 쓰는 표현(2, 3그룹 동사)
~たことがある: ~(한) 적이 있다

2그룹 동사

앞에서 배운 た형 뒤에 ことがある(적이 있다)를 붙이면 '~(한) 적이 있다'라는 뜻의 표현이 돼요.

見る (보다) → 見た (た형) + ことがある (적이 있다) → 見たことがある (본 적이 있다)

3그룹 동사

규칙이 없기 때문에 암기해야 해요. 3그룹에는 동사가 2개(する、来る) 밖에 없으므로 어렵지 않게 암기할 수 있을 거예요.

する (하다) → したことがある (한 적이 있다)
来る (오다) → 来たことがある (온 적이 있다)

자주 쓰이는 동사 연습

食べる	着る	する
먹다	입다	하다

- なっとうを食べたことがある。　　낫토를 **먹은 적이 있다**.
- 着物を着たことがある。　　기모노를 **입은 적이 있다**.
- アメリカで留学したことがある。　　미국에서 유학**한 적이 있다**.

새 단어

着物 기모노(일본 전통 옷)
アメリカ 미국
~で ~에서
留学 유학

처음 회화

A 彼女が家に来たことがある？
여자 친구가 집에 **온 적이 있어**?

B うん、あるよ！
응, 있어!

Chapter 23 '~(했)다'라는 의미의 동사 た형

 **다지기**

1 다음 제시된 동사에 「た」, 「たことがある」를 붙여 표를 채워보세요.

	~た ~(했)다	~たことがある ~(한) 적이 있다
話す 이야기하다	①	②
行く 가다	③	④
食べる 먹다	⑤	⑥
来る 오다	⑦	⑧

2 다음 문장에서 빈 칸에 들어갈 말을 써 보세요.

❶ 10年間東京に（　　　　　　　）。
10년간 도쿄에 살았다.　　　　　　　💡住む 살다

❷ パスワードを（　　　　　　　）。
패스워드를 잊었다.　　　　　　　💡忘れる 잊다

❸ 海で（　　　　　　　）。
바다에서 수영한 적이 있다.　　　　💡泳ぐ 수영하다

❹ 昨日家に友だちが（　　　　　　　）。
어제 집에 친구가 왔다.　　　　　　💡来る 오다

❺ インドの映画を（　　　　　　　）。
인도 영화를 본 적이 있다.　　　　　💡見る 보다

새 단어

~年間 ~년간 ｜ パスワード 패스워드, 비밀번호 ｜ 海 바다 ｜ ~で ~에서 ｜ 昨日 어제 ｜ 家 집 ｜ 友だち 친구 ｜ インド 인도 ｜ 映画 영화

3 다음 문장을 일본어로 작성해 보세요.

① _____。
엄마는 학교에서 일본어를 가르쳤다.

> 母 엄마, 学校 학교,
> 日本語 일본어,
> 教える 가르치다

② _____。
오사카에 간 적이 있다.

> 大阪 오사카, 行く 가다

③ _____。
미국에서 유학한 적이 있다.

> アメリカ 미국,
> 留学 유학, する 하다

JLPT 기출변형 맛보기

문법형식 판단 유형

1 다음 중 ( )에 무엇을 넣습니까? 1·2·3·4에서 가장 적절한 것을 한 개 골라 주세요.

1 日本語でメールを（　　　）。 일본어로 메일을 썼다.

　　1 書きた　　　2 書った　　　3 書いた　　　4 書た

2 昨日家族写真を（　　　）。 어제 가족 사진을 찍었다.

　　1 撮た　　　2 撮った　　　3 撮て　　　4 撮って

문장 만들기 유형

2 ★ 에 들어갈 것은 무엇입니까? 1·2·3·4에서 가장 적절한 것을 한 개 골라 주세요.

1 バイクを ____ ____ ★ ____ 。 오토바이를 운전한 적이 있다.

　　1 ことが　　　2 運転　　　3 ある　　　4 した

2 日本で ____ ★ ____ ____ ある。 일본에서 기모노를 입은 적이 있다.

　　1 ことが　　　2 着物　　　3 着た　　　4 を

Chapter 24

동사 た형과 함께 쓸 수 있는 표현

이번 챕터에서는 동사 뒤에 た대신
たりたりする(~(하)거나 ~(하)거나 한다), た方がいい(~(하)는 편이 좋다)를
붙여 다양한 표현을 만드는 방법에 대해 배워봅시다.

핵심포인트 👆 동사 た형 뒤에 연결해서 쓰는 표현 ①
~たり~たりする: ~(하)거나 ~(하)거나 한다

앞 과에서 배운 た형 뒤에 り((하)거나)りする((하)거나 한다)를 붙이면 '~(하)거나 ~(하)거나 한다'라는 뜻의 표현이 돼요.

歌う / 歌った (노래하다 / た형) + り ((하)거나) + 踊る / 踊った (춤추다 / た형) + りする ((하)거나 한다)

→ **歌ったり、踊ったりする**
노래하거나, 춤추거나 한다

🌱 자주 쓰이는 동사 연습   Track 24-1

- 休みの日は本を **読んだり**、テレビを **見たりする**。
  쉬는 날은 책을 **읽거나**, 텔레비전을 **보거나 한다**.

  読む 읽다 / 見る 보다

- 電車の中では音楽を **聞いたり**、**寝たりする**。
  전철 안에서는 음악을 **듣거나**, **자거나 한다**.

  聞く 듣다 / 寝る 자다

🌱 처음 회화

Ⓐ 退勤後は何する？
  퇴근 후에는 뭐 해?

Ⓑ 運動を **したり**、日本語の勉強を **したりする**。
  운동을 **하거나**, 일본어 공부를 **하거나 한다**.

  する 하다

새 단어

休みの日 쉬는 날
本 책
テレビ 텔레비전
電車 전철
中 안, 속
~では ~에서는
音楽 음악
退勤 퇴근
後 후, 뒤
何 뭐, 무엇
運動 운동
日本語 일본어
勉強 공부

핵심 포인트 ~たり~たりする의 활용 표현

~たり~たりする(~(하)거나 ~(하)거나 한다)에서 する(한다)에 ます, ました, た 등을 붙여 '합니다, 했습니다, 했다' 등 존댓말이나 과거형으로 활용할 수 있어요.

~たり~たり**する**
~(하)거나 ~(하)거나 **한다**

~たり~たり**する** + **ます / ました / た** →

~たり~たり**します**
~(하)거나 ~(하)거나 **합니다**

~たり~たり**しました**
~(하)거나 ~(하)거나 **했습니다**

~たり~たり**した**
~(하)거나 ~(하)거나 **했다**

🌱 자주 쓰이는 동사 연습

- 毎日グラウンドを歩いたり、走ったりします。
  매일 운동장을 **걷거나, 뛰거나 합니다**.

- 海で泳いだり、休んだりしました。
  바다에서 **수영하거나, 쉬거나 했습니다**.

歩く 걷다	走る 뛰다
泳ぐ 수영하다	休む 쉬다

🌱 처음 회화

A 日本で何した？
일본에서 뭐 했어?

B おいしいものを食べたり、買い物をしたりした。
맛있는 것을 **먹거나**, 쇼핑을 **하거나 했어**.

食べる 먹다	する 하다

새 단어

毎日 매일
グラウンド 운동장, 그라운드
海 바다
~で ~에서
おいしい 맛있다
もの 것
買い物 쇼핑

Chapter 24 동사 た형과 함께 쓸 수 있는 표현

핵심 포인트 ❸ 동사 た형 뒤에 연결해서 쓰는 표현 ②

~た方（ほう）がいい: ~(하)는 편이 좋다

앞 과에서 배운 た형 뒤에 方（ほう）がいい(편이 좋다)를 붙이면 '~(하)는 편이 좋다'라는 뜻의 표현이 돼요.

| 聞く 묻다, 듣다 | 聞いた た형 | ＋ | 方がいい 편이 좋다 | → | 聞いた方がいい 묻는 편이 좋다, 듣는 편이 좋다 |

| 乗る 타다 | 乗った た형 | ＋ | 方がいい 편이 좋다 | → | 乗った方がいい 타는 편이 좋다 |

＊方는 '편, 쪽'이라는 의미, いい는 '좋다'라는 의미의 단어예요.

🌱 자주 쓰이는 동사 연습

| 行く 가다 | 食べる 먹다 | する 하다 |

새 단어
病院（びょういん） 병원
朝（あさ）ごはん 아침 밥
その 그
レストラン 레스토랑
予約（よやく） 예약

● 病院に行った方がいい。　　　병원에 **가는 편이 좋다**.

● 朝ごはんを食べた方がいい。　아침 밥을 **먹는 편이 좋다**.

● そのレストランは予約をした方がいい。
그 레스토랑은 예약을 **하는 편이 좋다**.

🌱 처음 회화

A 明日（あした）、会議（かいぎ）ある？
내일, 회의 있어?

B それは部長（ぶちょう）に聞いた方がいい。
그건 부장님에게 **묻는 편이 좋아**.

핵심포인트 ～た方がいい의 활용 표현

～た方がいい(~(하)는 편이 좋다)에서 いい에 です를 붙여 존댓말로 활용할 수 있어요.

～た方が **いい**
~(하)는 편이 **좋다**

～た方がいい + です → ～た方がいいです
~(하)는 편이 좋습니다

🌱 자주 쓰이는 동사 연습

飲む	開ける	来る
(약을) 먹다, 마시다	열다	오다

- 薬を飲んだ方がいいです。　　약을 먹는 편이 좋습니다.
- 窓を開けた方がいいです。　　창문을 여는 편이 좋습니다.
- 明日はもっと早く来た方がいいです。
  내일은 좀 더 일찍 오는 편이 좋습니다.

새 단어
薬 약
窓 창문
明日 내일
もっと 좀 더
早く 일찍
夜 밤
～時 ~시

🌱 처음 회화

A 私は夜12時に寝ます。
저는 밤 12시에 잡니다.

B もっと早く寝た方がいいです。
좀 더 일찍 자는 편이 좋습니다.

Chapter 24 동사 た형과 함께 쓸 수 있는 표현　**161**

 **다지기**

1 다음 제시된 동사에 「た方がいい」를 붙여 표를 채워보세요.

	~た方がいい ~(하)는 편이 좋다
買う 사다	①
話す 이야기하다	②
行く 가다	③
出かける 나가다	④
来る 오다	⑤

2 다음 문장에서 빈 칸에 들어갈 말을 써 보세요.

❶ 野菜も（　　　　　　　）。
야채도 먹는 편이 좋다.　　　　　　　💡食べる 먹다

❷ 海で（　　　　　　　）。
바다에서 수영하거나, 쉬거나 했습니다.　　💡泳ぐ 수영하다, 休む 쉬다

❸ 傘を（　　　　　　　）。
우산을 쓰는 편이 좋다.　　　　　　　💡さす (우산을) 쓰다

❹ 週末は家でそうじを（　　　）、せんたくを（　　　）。
주말에는 집에서 청소를 하거나, 빨래를 하거나 했다.　💡する 하다

❺ お水をたくさん（　　　　　　　）。
물을 많이 마시는 편이 좋습니다.　　　💡飲む 마시다

새 단어

野菜 채소 | ～も ～도 | 海 바다 | 傘 우산 | 週末 주말 | 家 집 | そうじ 청소 | せんたく 빨래, 세탁 | お水 물 | たくさん 많이

3 다음 문장을 일본어로 작성해 보세요.

① _____ 。

쉬는 날은 책을 읽거나, 텔레비전을 보거나 한다.

💡 休みの日 쉬는 날, 本 책, 読む 읽다, 見る 보다

② _____ 。

그 레스토랑은 예약을 하는 편이 좋다.

💡 その 그, レストラン 레스토랑, 予約 예약, する 하다

③ _____ 。

좀 더 일찍 자는 편이 좋습니다.

💡 もっと 좀 더, 早く 일찍, 寝る 자다

JLPT 기출변형 맛보기

문법형식 판단 유형

1 다음 중 ( )에 무엇을 넣습니까? 1·2·3·4에서 가장 적절한 것을 한 개 골라 주세요.

① えんぴつで (　　　) いいです。 연필로 쓰는 편이 좋습니다.

1 書いた　　　2 書った方が　　　3 書きた　　　4 書いた方が

② 明日は早く起きた (　　　) いい。 내일은 일찍 일어나는 편이 좋다.

1 方も　　　2 方で　　　3 方は　　　4 方が

문장 만들기 유형

2 ★ 에 들어갈 것은 무엇입니까? 1·2·3·4에서 가장 적절한 것을 한 개 골라 주세요.

① この仕事は鈴木さんに ____ ____ ★ ____ 。 이 일은 스즈키 씨에게 부탁하는 편이 좋다.

1 方　　　2 が　　　3 頼んだ　　　4 いい

② 毎日グラウンドを ____ ★ ____ ____ 。 매일 운동장을 걷거나, 뛰거나 합니다.

1 り　　　2 走った　　　3 歩いた　　　4 りします

Chapter 24 동사 た형과 함께 쓸 수 있는 표현

부정형을 만들 때 쓸 수 있는 동사 ない형

동사의 존댓말 부정형을 만들 때는 동사 뒤에
ません(~(하)지 않습니다)을 붙여서 만들었지요.
이번 챕터에서는 동사 뒤에 ない(~(하)지 않다, ~(하)지 않는다)를 붙여 반말 부정형을
만드는 방법에 대해 배워봅시다.

핵심포인트 👆 1그룹 동사 + ない
~ない: ~(하)지 않다, ~(하)지 않는다

마지막 글자인 う단을 あ단으로 바꾸면 ない형이 돼요.
ない형을 만든 후 뒤에 「ない」를 붙이면 '~(하)지 않다, ~(하)지 않는다'라는 뜻이 돼요.

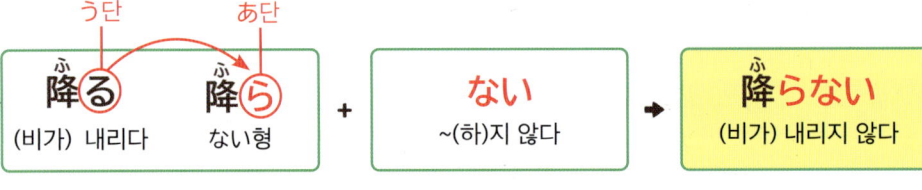

う단	う	く	ぐ	す	つ	ぬ	ぶ	む	る
あ단	わ	か	が	さ	た	な	ば	ま	ら

*う단을 あ단으로 바꿀 때, 마지막 글자가 う인 경우에는 あ가 아닌 わ로 바꾸어야 해요.
Ex) 買う(사다): 買あない(X) 買わない(O, 사지 않다)

🌱 자주 쓰이는 동사 연습   Track 25-1

洗う	飲む	開く
씻다	마시다	열리다

새 단어
手 손
お酒 술
ペットボトル 페트병
ふた 뚜껑
明日 내일
雨 비

● 手を洗わない。　　　　손을 씻지 않다.

● お酒を飲まない。　　　술을 마시지 않는다.

● ペットボトルのふたが開かない。　페트병의 뚜껑이 열리지 않는다.

🌱 처음 회화

Ⓐ 明日、雨降る？
내일, 비 내려?

Ⓑ ううん、明日は降らない。
아니, 내일은 내리지 않아.

핵심 포인트 2. 3그룹 동사 + ない

~ない: ~(하)지 않다, ~(하)지 않는다

2그룹 동사

마지막 글자인 る를 삭제하면 ない형이 돼요.
ない형을 만든 후 뒤에 「ない」를 붙이면 '~(하)지 않다, ~(하)지 않는다'라는 뜻이 돼요.

| 見る 보다 | 見 ない형 | + | ない ~(하)지 않다 | → | 見ない 보지 않다 |

3그룹 동사

규칙이 없기 때문에 암기해야 해요. 3그룹에는 동사가 2개(する、来る) 밖에 없으므로 어렵지 않게 암기할 수 있을 거예요.

| する 하다 | → | しない 하지 않다 | | 来る 오다 | → | 来ない 오지 않다 |

🌱 자주 쓰이는 동사 연습

| 起きる 일어나다 | 割れる 깨지다 | する 하다 |

- 妹は早く起きない。   여동생은 일찍 **일어나지 않는다**.
- このコップはよく割れない。   이 컵은 잘 **깨지지 않는다**.
- 雨の日はせんたくをしない。   비 오는 날은 빨래를 **하지 않는다**.

🌱 처음 회화

A 明日も学校に来る？
내일도 학교에 와?

B ううん、明日は来ない。
아니, 내일은 **안 와**.

새 단어
- 妹 여동생
- 早く 일찍
- この 이
- コップ 컵
- よく 잘, 자주
- 雨の日 비 오는 날
- せんたく 빨래, 세탁

핵심 포인트 | 1그룹 동사 + ないで
~ないで: ~(하)지 않고

앞에서 배운 ない형 뒤에 「ない」 대신 「ないで」를 붙이면 '~(하)지 않고'라는 뜻이 돼요.

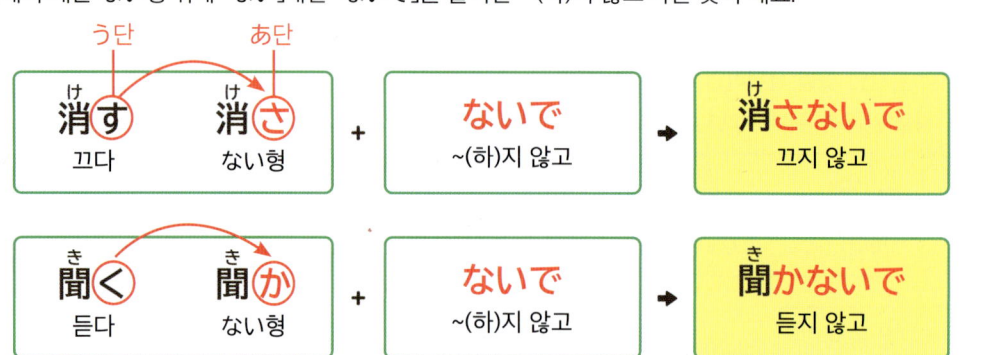

자주 쓰이는 동사 연습

買う	行く	寄る
사다	가다	들르다

- デパートで何も買わないで来た。 백화점에서 아무것도 **사지 않고** 왔다.
- 明日は学校に行かないで休む。 내일은 학교에 **가지 않고** 쉰다.
- コンビニに寄らないで家に帰る。 편의점에 **들르지 않고** 집에 돌아간다.

새 단어

デパート 백화점
~で ~에서
何も 아무것도
来る 오다
明日 내일
学校 학교
休む 쉬다
コンビニ 편의점
家 집
帰る 돌아가다, 돌아오다

처음 회화

Ⓐ どうしよう！電気を消さないで来た！
어떡해! 전기를 **끄지 않고** 나왔다!

Ⓑ えっ！
뭐!

핵심포인트 2. 3그룹 동사 + ないで

~ないで: ~(하)지 않고

2그룹 동사

앞에서 배운 ない형 뒤에 「ない」 대신 「ないで」를 붙이면 '~(하)지 않고'라는 뜻이 돼요.

降り~~る~~ 내리다 / 降り ない형 + ないで ~(하)지 않고 → 降りないで 내리지 않고

3그룹 동사

する 하다 → しないで 하지 않고

来る 오다 → 来ないで 오지 않고

🌱 자주 쓰이는 동사 연습

| 寝る 자다 | 食べる 먹다 | する 하다 |

- 昨日は寝ないで勉強した。 어제는 **자지 않고** 공부했다.
- いつも朝ごはんを食べないで会社に行く。 항상 아침밥을 **먹지 않고** 회사에 간다.
- 彼は連絡もしないで来た。 그는 연락도 **하지 않고** 왔다.

🌱 처음 회화

A どうして宿題をしない？
왜 숙제를 하지 않아?

B これからテレビを見ないでするよ！
이제부터 텔레비전을 **보지 않고** 할 거야!

새 단어

昨日 어제
勉強 공부
いつも 항상, 언제나
朝ごはん 아침밥
会社 회사
行く 가다
彼 그
連絡 연락
~も ~도

핵심 포인트 | 1그룹 동사 + ないでください
~ないでください: ~(하)지 말아 주세요

앞에서 배운 ない형 뒤에 「ない」대신 「ないでください」를 붙이면 '~(하)지 말아 주세요'라는 뜻이 돼요.

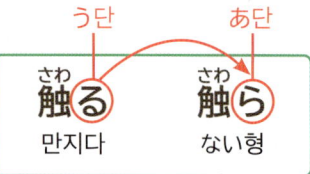

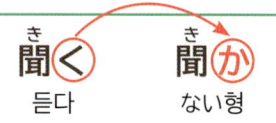

자주 쓰이는 동사 연습

言う	撮る	立つ
말하다	찍다	일어서다

- 誰にも 言わないでください。   아무에게도 **말하지 말아 주세요**.
- ここで 写真を 撮らないでください。 여기에서 사진을 **찍지 말아 주세요**.
- バスが 止まるまで 立たないでください。 버스가 멈출 때까지 **일어서지 말아 주세요**.

새 단어
誰にも 아무에게도
ここ 여기
~で ~에서
写真 사진
バス 버스
止まる 멈추다
~まで ~까지
作品 작품

처음 회화

A 作品を 触らないでください！
작품을 **만지지 말아 주세요**!

B すみません。
죄송합니다.

핵심 포인트 ✋🖐️ 2, 3그룹 동사 + ないでください
~ないでください: ~(하)지 말아 주세요

2그룹 동사

앞에서 배운 ない형 뒤에 「ない」 대신 「ないでください」를 붙이면 '~(하)지 말아 주세요'라는 뜻이 돼요.

| 降り~~る~~ 내리다 | 降り ない형 | + | ないでください ~(하)지 말아 주세요 | → | 降りないでください 내리지 말아 주세요 |

3그룹 동사

| する 하다 | → | しないでください 하지 말아 주세요 | | 来る 오다 | → | 来ないでください 오지 말아 주세요 |

🌱 자주 쓰이는 동사 연습

| 遅れる 늦다 | 捨てる 버리다 | 来る 오다 |

새 단어
これから 앞으로, 이제부터
ここ 여기
ゴミ 쓰레기
もう 이제

- これからは遅れないでください。 앞으로는 **늦지 말아 주세요**.
- ここにゴミを捨てないでください。 여기에 쓰레기를 **버리지 말아 주세요**.
- もう来ないでください。 이제 **오지 말아 주세요**.

🌱 처음 회화

A 一人でも大丈夫ですか。
혼자서도 괜찮습니까?

B 大丈夫です！心配しないでください。
괜찮습니다! 걱정**하지 말아 주세요**.

**다지기**

1 다음 제시된 동사에 「ない」, 「ないでください」를 붙여 표를 채워보세요.

	~ない ~(하)지 않다	~ないでください ~(하)지 말아 주세요
買う 사다	①	②
話す 이야기하다	③	④
行く 가다	⑤	⑥
出かける 나가다	⑦	⑧
する 하다	⑨	⑩

2 다음 문장에서 빈 칸에 들어갈 말을 써 보세요.

❶ 明日山本さんは（　　　　　　　　）。
내일 야마모토 씨는 오지 않는다.　　　💡来る 오다

❷ ジャケットを（　　　　　　　　）出かけた。
재킷을 입지 않고 외출했다.　　　💡着る 입다

❸ 心配（　　　　　　　　）。
걱정하지 말아 주세요.　　　💡する 하다

❹ その人はよく（　　　　　　　　）。
그 사람은 잘 웃지 않는다.　　　💡笑う 웃다

❺ 夜遅く（　　　　　　　　）。
밤 늦게 자지 말아 주세요.　　　💡寝る 자다

새 단어

明日 내일 | ジャケット 재킷 | 出かける 외출하다 | 心配 걱정 | その 그 | 人 사람 | よく 잘, 자주 | 夜 밤 | 遅く 늦게

3 다음 문장을 일본어로 작성해 보세요.

① _____。

술을 마시지 않는다.

💡 お酒 술, 飲む 마시다

② _____。

그는 연락도 하지 않고 왔다.

💡 彼 그, 連絡 연락,
~も ~도, する 하다,
来る 오다

③ _____。

여기에 쓰레기를 버리지 말아 주세요.

💡 ここ 여기, ゴミ 쓰레기,
捨てる 버리다

JLPT 기출변형 맛보기

문법형식 판단 유형

1 다음 중 (   )에 무엇을 넣습니까? 1·2·3·4에서 가장 적절한 것을 한 개 골라 주세요.

① 予約を（　　　）行った。 예약을 하지 않고 갔다.

　1 すらない　　　2 すらないで　　　3 しない　　　4 しないで

② 窓を（　　　）。 창문을 닫지 않는다.

　1 閉める　　　2 閉めない　　　3 閉めらない　　　4 閉めるない

문장 만들기 유형

2 ★ 에 들어갈 것은 무엇입니까? 1·2·3·4에서 가장 적절한 것을 한 개 골라 주세요.

① ここではタバコ ____ ____ ★ ____ 。 여기에서는 담배를 피지 말아 주세요.

　1 ないで　　　2 を　　　3 ください　　　4 吸わ

② このクッキーは ____ ★ ____ ____ 作った。 이 쿠키는 설탕을 사용하지 않고 만들었다.

　1 使わ　　　2 ないで　　　3 さとう　　　4 を

Chapter 26

명사, な형용사, い형용사와 함께 쓸 수 있는 변화 표현

이번 챕터에서는 명사와 な형용사, い형용사 뒤에
になる/くなる、にする/くする를 붙여
변화 표현을 만드는 방법에 대해 배워봅시다.

핵심포인트 　**명사, な형용사 + になる / い형용사 + くなる**
~이(가) 되다, ~(하)게 되다, ~(해)지다

명사

명사 단어 뒤에 なる를 붙이면 '~이(가) 되다'라는 뜻이 돼요.

| 大学生(だいがくせい)
대학생 | + | になる
~이(가) 되다 | → | 大学生(だいがくせい)になる
대학생이 되다 |

な형용사

な형용사의 마지막 글자 だ를 삭제하고 になる를 붙이면 '~(하)게 되다, ~(해)지다'라는 뜻이 돼요

| 元気(げんき)~~だ~~
건강하다 | + | になる
~(하)게 되다, ~(해)지다 | → | 元気(げんき)になる
건강해지다 |

*13과 な형용사 내용 참고

い형용사

い형용사의 마지막 글자 い를 삭제하고 くなる를 붙이면 '~(하)게 되다, ~(해)지다'라는 뜻이 돼요.

| 寒(さむ)~~い~~
춥다 | + | くなる
~(하)게 되다, ~(해)지다 | → | 寒(さむ)くなる
추워지다 |

*10과 い형용사 내용 참고

핵심포인트 ~になる / ~くなる의 다양한 활용 표현

~になる / ~くなる에서 なる(되다)에 ました, たい, た 등을 붙여 '되었습니다, 되고 싶다, 됐다'등 존댓말이나 과거형으로 활용할 수 있어요.

~に**なる** / ~く**なる**
~이(가) 되다, ~(해)지다

명사, な형용사 + ~になる /
い형용사 + ~くなる
+
ました
たい
た
→
~になりました/~くなりました
~이(가) 되었습니다, ~(해)졌습니다

~になりたい/~くなりたい
~이(가) 되고 싶다, ~(해)지고 싶다

~になった/~くなった
~이(가) 됐다, ~(해)졌다

*~ました는 18과, ~たい는 20과, ~た는 23과 내용 참고

자주 쓰이는 예문 연습

  Track 26-1

- 今年 大学生になりました。
  올해 대학생이 되었습니다.

- もっと 元気になりたい。
  더 건강해지고 싶다.

처음 회화

A 今週から 急に 寒くなった！
이번주부터 갑자기 추워졌어!

B 本当！
진짜!

새 단어

今年 올해
もっと 더, 좀 더
今週 이번주
~から ~부터
急に 갑자기
本当 진짜, 정말

Chapter 26 명사, な형용사, い형용사와 함께 쓸 수 있는 변화 표현

핵심포인트

명사, な형용사 + にする / い형용사 + くする
~로 하다, ~(하)게 하다

명사

명사 단어 뒤에 にする를 붙이면 '~로 하다'라는 뜻이 돼요.

| コーヒー
커피 | + | にする
~로 하다 | → | コーヒーにする
커피로 하다 |

な형용사

な형용사의 마지막 글자 だ를 삭제하고 にする를 붙이면 '~(하)게 하다'라는 뜻이 돼요.

| きれい~~だ~~
깨끗하다 | + | にする
~(하)게 하다 | → | きれいにする
깨끗하게 하다 |

い형용사

い형용사의 마지막 글자 い를 삭제하고 くする를 붙이면 '~(하)게 하다'라는 뜻이 돼요.

| 軽~~い~~
かる
가볍다 | + | くする
~(하)게 하다 | → | 軽くする
かる
가볍게 하다 |

🌱 자주 쓰이는 예문 연습

- ケースの色をピンクにする。　　케이스 색을 핑크로 하다.
- 仕事を真面目にする。　　일을 성실하게 하다.

🌱 처음 회화

Ⓐ このソースはオムライスをおいしくする。
　　이 소스는 오므라이스를 맛있게 한다.

Ⓑ えー、気になる！
　　오-, 궁금하다!

새 단어

ピンク 핑크
真面目だ 성실하다
おいしい 맛있다
気になる 궁금하다

핵심포인트 ~にする / ~くする의 다양한 활용 표현

~にする/~くする(~로 하다, ~(하)게 하다)에서 する(하다)에 ました, たい, た 등을 붙여 '했습니다, 하고 싶다, 했다'등과 같이 과거형이나 희망 표현으로 활용할 수 있어요.

~に する / ~く する
~로 하다, ~(하)게 하다

명사, な형용사 + ~にする
い형용사 + ~くする
+ ました
たい
た
→
~にしました/~くしました
~로 했습니다, ~(하)게 했습니다

~にしたい/~くしたい
~로 하고 싶다, ~(하)게 하고 싶다

~にした/~くした
~로 했다, ~(하)게 했다

*~ました는 18과, ~たい는 20과, ~た는 23과 내용 참고

자주 쓰이는 예문 연습

- 机の上をきれいにしました。
  책상 위를 깨끗하게 했습니다.
- 荷物をもっと軽くしたい。
  짐을 좀 더 가볍게 하고 싶다.

처음 회화

A 飲み物は何にした？
음료는 뭐로 했어?

B コーヒーにした。
커피로 했어.

새 단어
机 책상
上 위
荷物 짐
もっと 좀 더, 더
飲み物 음료
何 뭐, 무엇

Chapter 26 명사, な형용사, い형용사와 함께 쓸 수 있는 변화 표현

 다지기

1 다음 제시된 명사, な형용사, い형용사에 변화 표현을 붙여 표를 채워보세요.

	~になりました ~이(가) 되었습니다, ~(해)졌습니다	~になりたい ~이(가) 되고 싶다, ~(해)지고 싶다	~になった ~이(가) 됐다, ~(해)졌다
先生 선생님	①	②	③
丈夫だ 튼튼하다	④	⑤	⑥

	~くしました ~(하)게 했습니다	~くしたい ~(하)게 하고 싶다	~くした ~(하)게 했다
冷たい 차갑다	⑦	⑧	⑨

2 다음 문장에서 빈 칸에 들어갈 말을 써 보세요.

❶ 外が（　　　　　　　　　）。
밖이 어두워졌습니다.　　　　　　　💡暗い 어둡다

❷ 将来、（　　　　　　　　　）。
장래에, 의사가 되고 싶다.　　　　　　💡医者 의사

❸ 文章をもっと（　　　　　　　　　）。
문장을 좀 더 간단하게 했습니다.　　💡簡単だ 간단하다

❹ 乗り換えが（　　　　　　　　　）。
환승이 편리해졌다.　　　　　　　　💡便利だ 편리하다

❺ ラーメンを（　　　　　　　　　）。
라멘을 맵게 했다.　　　　　　　　💡辛い 맵다

새 단어

外 밖 | 将来 장래 | 文章 문장 | もっと 좀 더 | 乗り換え 환승 | ラーメン 라멘

3 다음 문장을 일본어로 작성해 보세요.

① _____。

올해 대학생이 되었습니다.

💡 今年 올해, 大学生 대학생

② _____。

책상 위를 깨끗하게 했습니다.

💡 机 책상, 上 위, きれいだ 깨끗하다

③ _____。

짐을 좀 더 가볍게 하고 싶다.

💡 荷物 짐, もっと 좀 더, 軽い 가볍다

JLPT 기출변형 맛보기

문법형식 판단 유형

1 다음 중 (   )에 무엇을 넣습니까? 1·2·3·4에서 가장 적절한 것을 한 개 골라 주세요.

1 家が会社から（   ）。집이 회사에서 가까워졌다.

　1 近くする　　　2 近くなる　　　3 近くした　　　4 近くなった

2 仕事を真面目（   ）。일을 성실하게 하다.

　1 くする　　　　2 にする　　　　3 くなる　　　　4 になる

문장 만들기 유형

2 ★ 에 들어갈 것은 무엇입니까? 1·2·3·4에서 가장 적절한 것을 한 개 골라 주세요.

1 夫の誕生日プレゼント ____ ____ ★ ____ 。남편의 생일 선물은 지갑으로 했다.

　1 財布　　　　　2 した　　　　　3 に　　　　　　4 は

2 かみ色 ____ ★ ____ ____ 。머리색을 밝게 하다.

　1 く　　　　　　2 明る　　　　　3 を　　　　　　4 する

Chapter 26 명사, な형용사, い형용사와 함께 쓸 수 있는 변화 표현

Chapter 27
'~(해)라'라는 의미의 명령형 · '~(하)지 마라'라는 의미의 금지형

이번 챕터에서는 동사를 명령형(~(해)라), 금지형(~(하)지 마라)으로 만드는 방법에 대해 배워봅시다.
특히 금지형의 경우, 1, 2, 3그룹 동사의 활용 방법이 동일하기 때문에 쉽게 익힐 수 있을 거예요.

핵심 포인트  | 1그룹 동사의 명령형
~(해)라

마지막 글자인 う단을 え단으로 바꾸면 '~(해)라'라는 의미의 명령형이 돼요.

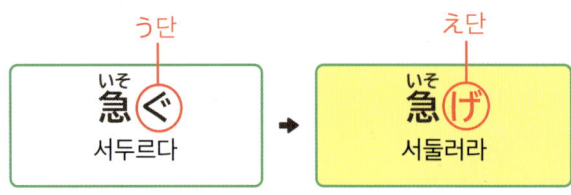

う단	う	く	ぐ	す	つ	ぬ	ぶ	む	る
え단	え	け	げ	せ	て	ね	べ	め	れ

🌱 자주 쓰이는 동사 연습　　　　　Track 27-1

行く	話す	守る
가다	이야기하다	지키다

새 단어
向こう 저쪽
~に ~으로, ~에
理由 이유
ちゃんと 제대로
約束 약속
必ず 꼭
もっと 좀 더

- 向こうに行け。　　　저쪽으로 **가라**.
- 理由をちゃんと話せ。　　이유를 제대로 **이야기해라**.
- 約束を必ず守れ。　　약속을 꼭 **지켜라**.

🌱 처음 회화

Ⓐ もっと急げ。
　좀 더 **서둘러라**.

Ⓑ はーい！
　네-!

핵심 포인트 ✌ 2, 3그룹 동사의 **명령형**
~(해)라

2그룹 동사

마지막 글자인 る를 삭제한 후 ろ를 붙이면 '~(해)라'라는 의미의 명령형이 돼요.

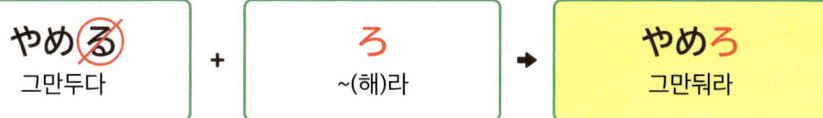

3그룹 동사

규칙이 없기 때문에 암기해야 해요. 3그룹에는 동사가 2개(する、来る) 밖에 없으므로 어렵지 않게 암기할 수 있을 거예요.

🌱 자주 쓰이는 동사 연습

しめる	見る	起きる
(벨트, 넥타이 등을) 매다	보다	일어나다

새 단어
シートベルト 안전벨트
前 앞
よく 잘
今 지금
すぐ 바로
ちょっと 잠깐
こっち 이쪽

○ シートベルトを しめろ。 안전벨트를 **매라**.

○ 前をよく 見ろ。 앞을 잘 **봐라**.

○ 今すぐ 起きろ。 지금 바로 **일어나라**.

🌱 처음 회화

Ⓐ ちょっとこっち 来い。
잠깐 이쪽으로 **와라**.

Ⓑ なんで？
왜?

Chapter 27 '~(해)라'라는 의미의 명령형·'~(하)지 마라'라는 의미의 금지형

핵심 포인트 | 1그룹 동사의 금지형
~(하)지 마라

동사 기본형 뒤에 な를 붙이면 '~(하)지 마라'라는 의미의 금지형이 돼요. 1, 2, 3그룹의 활용 방법이 모두 동일해요.

吸う (담배를) 피우다	+	な ~(하)지 마라	→	吸うな 피우지 마라
聞く 듣다	+	な ~(하)지 마라	→	聞くな 듣지 마라

🌱 자주 쓰이는 동사 연습

上がる 올라가다, 오르다	さわぐ 떠들다	走る 뛰다, 달리다 (예외 1그룹)

- 2階に上がるな。　　2층에 **올라가지 마라**.
- となりの人とさわぐな。　　옆 사람과 **떠들지 마라**.
- ろうかを走るな。　　복도를 **뛰지 마라**.

🌱 처음 회화

A ここでタバコを吸うな。
여기에서 담배를 **피우지 마라**.

B すみません。
죄송합니다.

새 단어
- ~階 ~층
- となり 옆, 이웃
- 人 사람
- ~と ~과
- ろうか 복도
- ここ 여기
- ~で ~에서
- タバコ 담배

핵심 포인트 2, 3그룹 동사의 **금지형**
~(하)지 마라

2그룹 동사

| あきらめる
포기하다 | + | な
~(하)지 마라 | → | あきらめる**な**
포기하지 마라 |

3그룹 동사

| する
하다 | → | する**な**
하지 마라 | | 来る
오다 | → | 来る**な**
오지 마라 |

🌱 자주 쓰이는 동사 **연습**

| 忘れる
잊다 | 食べる
먹다 | 止める
세우다, 멈추다 |

- 約束の時間を忘れるな。　　약속 시간을 **잊지 마라**.
- 夜遅く食べるな。　　밤 늦게 **먹지 마라**.
- ここに車を止めるな。　　여기에 차를 **세우지 마라**.

새 단어
約束 약속
時間 시간
夜 밤
遅く 늦게
ここ 여기
車 차
その 그
事 일
心配 걱정

🌱 처음 **회화**

Ⓐ その事は心配するな。
그 일은 걱정**하지 마라**.

Ⓑ ありがとう。
고마워.

 다지기

1 다음 제시된 동사를 명령형(~(해)라), 금지형(~(하)지 마라)으로 바꾸어 표를 채워보세요.

	명령형 ~(해)라	금지형 ~(하)지 마라
買う 사다	①	②
話す 이야기하다	③	④
行く 가다	⑤	⑥
出かける 나가다	⑦	⑧
来る 오다	⑨	⑩

2 다음 문장에서 빈 칸에 들어갈 말을 써 보세요.

❶ 前に（　　　　　　　　）。
앞으로 나아가라.
💡進む 나아가다

❷ じゃま（　　　　　　　　）
방해하지 마라.
💡する 하다

❸ けんかを（　　　　　　　　）。
싸움을 그만둬라.
💡やめる 그만두다

❹ 最後まで（　　　　　　　　）。
마지막까지 포기하지 마라.
💡あきらめる 포기하다

❺ 早く（　　　　　　　　）。
빨리 타라.
💡乗る 타다

새 단어

前 앞 | ~に ~으로 | じゃま 방해 | けんか 싸움 | 最後 마지막 | ~まで ~까지 | 早く 빨리

3 다음 문장을 일본어로 작성해 보세요.

① _____。

약속을 꼭 지켜라.

💡 約束 약속, 必ず 꼭, 守る 지키다

② _____。

안전벨트를 매라.

💡 シートベルト 안전벨트, しめる 매다

③ _____。

그 일은 걱정하지 마라.

💡 その 그, 事 일, 心配 걱정, する 하다

JLPT 기출변형 맛보기

문법형식 판단 유형

1 다음 중 ( )에 무엇을 넣습니까? 1·2·3·4에서 가장 적절한 것을 한 개 골라 주세요.

1 大きい声で（　　）。 큰 소리로 이야기하지 마라.

　1 話せな　　2 話しな　　3 話さな　　4 話すな

2 明日も学校に（　　）。 내일도 학교에 와라.

　1 来い　　2 来い　　3 来いな　　4 来るな

문장 만들기 유형

2 ★ 에 들어갈 것은 무엇입니까? 1·2·3·4에서 가장 적절한 것을 한 개 골라 주세요.

1 ボールを ____ ____ ★ ____ 。 공을 이쪽으로 던져라.

　1 ろ　　2 に　　3 こっち　　4 なげ

2 教室で ____ ★ ____ ____ 。 교실에서 모자를 쓰지 마라.

　1 な　　2 を　　3 かぶる　　4 ぼうし

Chapter 27 '~(해)라'라는 의미의 명령형·'~(하)지 마라'라는 의미의 금지형

'~(해)야지, ~(하)자'라는 의미의 의지형

이번 챕터에서는 동사를 의지형(~(해)야지, ~(하)자)으로 만드는 방법에 대해 배워봅시다.
또한 동사를 의지형으로 만든 후 と思う와 とする를 붙여 다양하게 활용하는 방법도 익혀봅시다.

핵심 포인트 | 1그룹 동사의 의지형
~(해)야지, ~(하)자

마지막 글자인 う단을 お단으로 바꾼 후 う를 붙이면 '~(해)야지, ~(하)자'라는 의미의 의지형이 돼요.

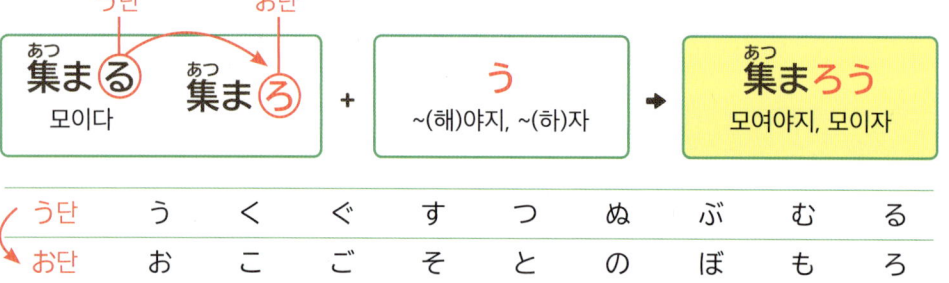

う단	う	く	ぐ	す	つ	ぬ	ぶ	む	る
お단	お	こ	ご	そ	と	の	ぼ	も	ろ

🌱 자주 쓰이는 동사 연습   Track 28-1

歌う	渡る	書く
노래하다	건너다	쓰다

새 단어
一緒に 같이, 함께
道 길
手紙 편지
年末 연말
みんなで 다 같이

- 一緒に歌おう。   같이 노래해야지/노래하자.
- 道を渡ろう。   길을 건너야지/건너자.
- インベさんに手紙を書こう。   인배 씨에게 편지를 써야지/쓰자.

🌱 처음 회화

Ⓐ 年末、みんなで集まろうか？
연말에, 다 같이 모일까?

Ⓑ いいよ！集まろう！
좋아! 모이자!

핵심 포인트 ✌ 2, 3그룹 동사의 의지형
~(해)야지, ~(하)자

2그룹 동사

마지막 글자인 る를 삭제한 후 よう를 붙이면 '~(해)야지, ~(하)자'라는 의미의 의지형이 돼요.

決める (정하다) → 決め + よう (~(해)야지, ~(하)자) → 決めよう (정해야지, 정하자)

3그룹 동사

규칙이 없기 때문에 암기해야 해요. 3그룹에는 동사가 2개(する、来る) 밖에 없으므로 어렵지 않게 암기할 수 있을 거예요.

する (하다) → しよう (해야지, 하자)

来る (오다) → 来よう (와야지, 오자)

🌱 자주 쓰이는 동사 연습

考える	降りる	する
생각하다	내리다	하다

- 方法を考えよう。 방법을 **생각해야지/생각하자**.
- 次の駅で降りよう。 다음 역에서 **내려야지/내리자**.
- もっと練習をしよう。 더 연습을 **해야지/하자**.

🌱 처음 회화

Ⓐ うちのチームのリーダーを決めよう。
우리 팀의 리더를 **정하자**.

Ⓑ 田口さんはどう？
다구치 씨는 어때?

새 단어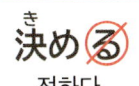
方法 방법
次 다음
駅 역
~で ~에서
もっと 더
練習 연습
うち 우리
チーム 팀
リーダー 리더
どう 어때

핵심포인트 | 의지형 + と思う
~(하)려고 생각하다

앞에서 배운 의지형 뒤에 と思う를 붙이면 '~(하)려고 생각하다'라는 뜻의 표현이 돼요.
* 思う는 '생각하다'라는 의미의 동사예요.

1그룹 동사

読む (읽다) → 読もう (의지형) + と思う (~(하)려고 생각하다) → **読もうと思う** (읽으려고 생각하다)

2그룹 동사

受ける (시험을 보다) → 受けよう (의지형) + と思う (~(하)려고 생각하다) → **受けようと思う** ((시험을) 보려고 생각하다)

3그룹 동사

する (하다) → しよう (의지형) + と思う (~(하)려고 생각하다) → **しようと思う** (하려고 생각하다)

🌱 자주 쓰이는 동사 연습

- 今月は本をたくさん<ruby>読<rt>よ</rt></ruby>もうと<ruby>思<rt>おも</rt></ruby>う。 이번 달은 책을 많이 **읽으려고 생각한다**.

- 12月にJLPTを受けようと思う。 12월에 JLPT를 **보려고 생각한다**.

🌱 처음 회화

Ⓐ 放課後、何する？
방과 후에, 뭐 해?

Ⓑ 図書館で勉強しようと思う。
도서관에서 공부 **하려고 생각한다**.

새 단어

- 今月 이번 달
- 本 책
- たくさん 많이
- ~月 ~월
- 放課後 방과 후
- 何 뭐, 무엇
- 図書館 도서관
- ~で ~에서
- 勉強 공부

핵심포인트 | 의지형 + と思う의 다양한 활용 표현

의지형+と思う(~(하)려고 생각하다)에서 思う(생각하다)에 ます, ています 등을 붙여 '생각합니다, 생각하고 있습니다'등과 같이 존댓말이나 진행 표현으로 활용할 수 있어요.

```
의지형 + と 思う
  ~(하)려고 생각하다

의지형 + と 思う   +   ます        →   의지형 + と 思います
                      ています           ~(하)려고 생각합니다
                                        의지형 + と 思っています
                                        ~(하)려고 생각하고 있습니다
```

* '의지형+と思います'와 '의지형+と思っています'의 뉘앙스 차이
  의지형+と思います: 무언가를 하려고 하는 의지가 있을 때 사용할 수 있는 표현
  의지형+と思っています: 무언가를 하려고 하는 의지를 일정 기간 지속적으로 가지고 있을 때 사용할 수 있는 표현
* ～ます는 17과, ～ています는 21과 내용 참고

🌱 자주 쓰이는 동사 연습

- 昼ごはんはパスタを食べようと思います。
  점심은 파스타를 먹으려고 생각합니다.

- 来年、留学しようと思っています。
  내년에, 유학하려고 생각하고 있습니다.

🌱 처음 회화

A 夏休みはどこへ行きますか。
여름 휴가는 어디로 갑니까?

B 沖縄に行こうと思っています。
오키나와에 가려고 생각하고 있습니다.

새 단어

昼ごはん 점심, 점심밥
パスタ 파스타
来年 내년
留学 유학
夏休み 여름 휴가, 여름 방학
どこ 어디
～へ ~로
行く 가다
沖縄 오키나와(일본의 관광지)

핵심 포인트  | 의지형 + とする
~(하)려고 하다

앞에서 배운 의지형 뒤에 とする를 붙이면 '~(하)려고 하다'라는 뜻의 표현이 돼요.
* '의지형+と思う(~(하)려고 생각하다)'와 '의지형+とする(~(하)려고 하다)'의 뉘앙스 차이
  의지형+と思う: 무언가를 하려고 하는 의지가 있을 때 사용할 수 있는 표현
  의지형+とする: 의지에 더해 실제 행동(시도)까지 있을 때, 혹은 어떤 동작이 행해지기 직전에 사용할 수 있는 표현

1그룹 동사

| 渡る
건너다 | 渡ろう
의지형 | + | とする
~(하)려고 하다 | → | 渡ろうとする
건너려고 하다 |

2그룹 동사

| 開ける
열다 | 開けよう
의지형 | + | とする
~(하)려고 하다 | → | 開けようとする
열려고 하다 |

3그룹 동사

| する
하다 | しよう
의지형 | + | とする
~(하)려고 하다 | → | しようとする
하려고 하다 |

자주 쓰이는 동사 연습

- 今、道を渡ろうとする。　　지금, 길을 건너려고 한다.
- ちょっと窓を開けようとする。　　잠깐 창문을 열려고 한다.

처음 회화

A 宿題は終わった？
숙제는 끝났어?

B 今からしようとする！
지금부터 하려고 한다!

새 단어

今 지금
道 길
ちょっと 잠깐
窓 창문
宿題 숙제
終わる 끝나다
~から ~부터

핵심포인트 | 의지형 + とする의 다양한 활용 표현

의지형+とする(~(하)려고 하다)에서 する(하다)에 ます, ています 등을 붙여 '합니다, 하고 있습니다' 등과 같이 존댓말이나 진행 표현으로 활용할 수 있어요.

```
의지형 + と する
       ~(하)려고 하다

의지형 + とする   +   ます         →   의지형 + とします
                     ています              ~(하)려고 합니다
                                     의지형 + としています
                                          ~(하)려고 하고 있습니다
```

자주 쓰이는 동사 연습

- みんなで乾杯(かんぱい)しようとします。
  다 같이 건배**하려고 합니다**.

- コンサートが始(はじ)まろうとしています。
  콘서트가 **시작되려고 하고 있습니다**.

처음 회화

Ⓐ 雨(あめ)が降(ふ)ろうとしています。
  비가 **내리려고 하고 있습니다**.

Ⓑ 本当(ほんとう)ですね。傘(かさ)ありますか。
  정말이네요. 우산 있습니까?

새 단어

みんなで 다 같이
乾杯(かんぱい) 건배

コンサート 콘서트
始(はじ)まる 시작되다
雨(あめ) 비
降(ふ)る 내리다
本当(ほんとう) 정말, 진짜
傘(かさ) 우산

ある 있다

1 다음 제시된 동사를 의지형으로 만든 후 「とする」를 붙여 표를 채워보세요.

	의지형 ~(해)야지, ~(하)자	의지형+とする ~려고 하다
買う 사다	①	②
話す 이야기하다	③	④
行く 가다	⑤	⑥
出かける 나가다	⑦	⑧
来る 오다	⑨	⑩

2 다음 문장에서 빈 칸에 들어갈 말을 써 보세요.

❶ もうそろそろ（　　　　　　　　）。
이제 슬슬 돌아가자.
💡帰る 돌아가다 (*예외 1그룹)

❷ 授業の後、コンビニに（　　　　　　　　）。
수업 후, 편의점에 가려고 생각합니다.
💡行く 가다

❸ ケータイを（　　　　　　　　）。
휴대 전화를 사려고 생각하고 있습니다.
💡買う 사다

❹ 明日は早く（　　　　　　　　）。
내일은 일찍 일어나야지.
💡起きる 일어나다

❺ ファイルをダウンロード（　　　　　　　　）。
파일을 다운로드 하려고 합니다.
💡する 하다

새 단어

もう 이제 | そろそろ 슬슬 | 授業 수업 | ~後 ~후, ~뒤 | ケータイ 휴대 전화 | 早く 일찍 | ファイル 파일 | ダウンロード 다운로드 |
借りる 빌리다 | 手紙 편지 | 書く 쓰다 | 家 집 | そうじ 청소 | 今年 올해 | タバコ 담배 | やめる 끊다, 그만두다

3 다음 문장을 일본어로 작성해 보세요.

① _____。
　　같이 노래해야지/노래하자.

> 一緒に 같이,
> 歌う 노래하다

② _____。
　　도서관에서 공부하려고 생각한다.

> 図書館 도서관,
> 勉強 공부, する 하다

③ _____。
　　잠깐 창문을 열려고 한다.

> ちょっと 잠깐,
> 窓 창문, 開ける 열다

JLPT 기출변형 맛보기

문법형식 판단 유형

1 다음 중 (　) 에 무엇을 넣습니까? 1·2·3·4에서 가장 적절한 것을 한 개 골라 주세요.

1 日本語の本を（　　）。 일본어 책을 빌리자.

　　1 借りろう　　　2 借りおう　　　3 借りよう　　　4 借りよ

2 インベさんに手紙を（　　）。 인베 씨에게 편지를 써야지.

　　1 書こ　　　　2 書こう　　　　3 書おう　　　　4 書きよう

문장 만들기 유형

2 ★ 에 들어갈 것은 무엇입니까? 1·2·3·4에서 가장 적절한 것을 한 개 골라 주세요.

1 今日は家のそうじ ____ ____ ★ ____ 。 오늘은 집 청소를 하려고 생각합니다.

　　1 と　　　　　2 しょう　　　　3 を　　　　　　4 思います

2 今年はタバコを ____ ★ ____ ____ います。 올해는 담배를 끊으려고 생각하고 있습니다.

　　1 よう　　　　2 思って　　　　3 と　　　　　　4 やめ

Chapter 28 '~(해)야지, ~(하)자'라는 의미의 의지형　**191**

Chapter 29

'~(할) 생각이다'라는 의미의 つもりだ・
'~(할) 예정이다'라는 의미의 予定(よてい)だ

이번 챕터에서는 동사 뒤에 **つもりだ(~(할) 생각이다)**, **予定だ(~(할) 예정이다)**를 붙여 **예정 표현**을 만드는 방법에 대해 배워봅시다.
1, 2, 3그룹 모두 동사 기본형 뒤에 붙이면 되기 때문에 쉽게 익힐 수 있을 거예요.

핵심 포인트 ☝ 1그룹 동사 + つもりだ
~つもりだ: ~(할) 생각이다, ~(할) 작정이다

동사 기본형 뒤에 つもりだ를 붙이면 '~(할) 생각이다, ~(할) 작정이다'라는 뜻의 표현이 돼요. 1, 2, 3그룹의 활용 방법이 모두 동일해요.

登(のぼ)る 오르다	+	つもりだ ~(할) 생각이다	→	登(のぼ)るつもりだ 오를 생각이다
頼(たの)む 부탁하다	+	つもりだ ~(할) 생각이다	→	頼(たの)むつもりだ 부탁할 생각이다

🌱 자주 쓰이는 동사 연습 Track 29-1

直(なお)す 고치다	行(い)く 가다	帰(かえ)る 돌아가다, 돌아오다 (*예외 1그룹 동사)

- 週末(しゅうまつ)、自転車(じてんしゃ)を直(なお)すつもりだ。 주말에, 자전거를 **고칠 생각이다**.
- 夏休(なつやす)みはヨーロッパに行(い)くつもりだ。 여름 방학에는 유럽에 **갈 생각이다**.
- 今日(きょう)は早(はや)く帰(かえ)るつもりだ。 오늘은 일찍 **돌아갈 생각이다**.

🌱 처음 회화

A 週末(しゅうまつ)は何(なに)をしますか。
주말에는 무엇을 합니까?

B 健康(けんこう)のために山(やま)に登(のぼ)るつもりです。
건강을 위해서 산에 **오를 생각입니다**.

새 단어
週末(しゅうまつ) 주말
自転車(じてんしゃ) 자전거
夏休(なつやす)み 여름 방학
ヨーロッパ 유럽
今日(きょう) 오늘
早(はや)く 일찍
健康(けんこう) 건강
명사+のために
명사를(을) 위해서
山(やま) 산

핵심 포인트 ✌ 2, 3그룹 동사 + つもりだ
~つもりだ: ~(할) 생각이다, ~(할) 작정이다

2그룹 동사

| 出かける 외출하다 | + | つもりだ ~(할) 생각이다 | → | 出かけるつもりだ 외출할 생각이다 |

3그룹 동사

| する 하다 | → | するつもりだ 할 생각이다 | | 来る 오다 | → | 来るつもりだ 올 생각이다 |

🌱 자주 쓰이는 동사 연습

| 着る 입다 | やめる 그만두다 | 植える 심다 |

새 단어
- 明日 내일
- ワンピース 원피스
- アルバイト 아르바이트
- 庭 정원
- 木 나무

● 明日はワンピースを着るつもりだ。 내일은 원피스를 **입을 생각이다**.

● アルバイトをやめるつもりだ。 아르바이트를 **그만둘 생각이다**.

● 庭に木を植えるつもりだ。 정원에 나무를 **심을 생각이다**.

🌱 처음 회화

A 今日も運動する？
오늘도 운동해?

B ううん、今日は運動しないつもりだ。
아니, 오늘은 운동**하지 않을 생각이야**.

Chapter 29 '~(할) 생각이다'라는 의미의 つもりだ・'~(할) 예정이다'라는 의미의 予定だ

핵심 포인트 : 1그룹 동사 + 予定だ

~予定だ : ~(할) 예정이다

동사 기본형 뒤에 予定だ를 붙이면 '~(할) 예정이다'라는 뜻의 표현이 돼요. 1, 2, 3그룹의 활용 방법이 모두 동일해요.

| 登る
오르다 | + | 予定だ
~(할) 예정이다 | → | 登る予定だ
오를 예정이다 |

| 頼む
부탁하다 | + | 予定だ
~(할) 예정이다 | → | 頼む予定だ
부탁할 예정이다 |

자주 쓰이는 동사 연습

着く	始まる	終わる
도착하다	시작되다	끝나다

- 飛行機は10時に着く予定だ。 비행기는 10시에 **도착할 예정이다**.
- 2時から会議が始まる予定だ。 2시부터 회의가 **시작될 예정이다**.
- コンサートは6時に終わる予定だ。 콘서트는 6시에 **끝날 예정이다**.

처음 회화

A 日本語のテストは来週の予定だ。
일본어 시험은 **다음 주 예정이다**.

B もうすぐだね!
이제 곧이네!

새 단어
飛行機 비행기
~時 ~시
~から ~부터
会議 회의
コンサート 콘서트
テスト 시험
もうすぐ 이제 곧

더 알아보기
명사 + の予定だ
: 명사(일) 예정이다

핵심 포인트 ⓵ 2, 3그룹 동사 + 予定だ

~予定だ: ~(할) 예정이다

2그룹 동사

出かける (외출하다) + 予定だ (~(할) 예정이다) → 出かける予定だ (외출할 예정이다)

3그룹 동사

する (하다) → する予定だ (할 예정이다)

来る (오다) → 来る予定だ (올 예정이다)

🌱 자주 쓰이는 동사 연습

見る	受ける	食べる
보다	(시험을) 보다	먹다

- 2時に映画を見る予定だ。 2시에 영화를 볼 예정이다.
- 来月、JLPTを受ける予定だ。 다음 달, JLPT를 볼 예정이다.
- 今日は社長と晩ごはんを食べる予定だ。
  오늘은 사장님과 저녁을 먹을 예정이다.

🌱 처음 회화

A 明日、両親が日本に来る予定です。
내일, 부모님이 일본에 올 예정입니다.

B そうですね！ご両親と何をしますか。
그렇군요! 부모님과 무엇을 합니까?

새 단어

- 映画 영화
- 来月 다음 달
- 今日 오늘
- 社長 사장(님)
- ～と ~와(과)
- 晩ごはん 저녁, 저녁밥
- 両親 부모님
- ご両親 (다른 사람의) 부모님

1 다음 제시된 동사에 「つもりだ」、「予定だ」를 붙여 표를 채워보세요.

	～つもりだ ~(할) 생각이다	～予定だ ~(할) 예정이다
買う 사다	①	②
話す 이야기하다	③	④
行く 가다	⑤	⑥
出かける 나가다	⑦	⑧
来る 오다	⑨	⑩

2 다음 문장에서 빈 칸에 들어갈 말을 써 보세요.

❶ 晩ごはんはサラダを（　　　　　　　　　　）。
저녁은 샐러드를 먹을 생각이다.　　　　　　　　　💡食べる 먹다

❷ 冬休みは北海道に（　　　　　　　　　　）。
겨울 방학에는 홋카이도에 갈 생각이다.　　　　　💡行く 가다

❸ 田口さんは6時に（　　　　　　　　　　）。
다구치 씨는 6시에 올 예정이다.　　　　　　　　💡来る 오다

❹ 今日は早く（　　　　　　　　　　）。
오늘은 일찍 돌아갈 생각이다.　　　　　　　　　💡帰る 돌아가다
　　　　　　　　　　　　　　　　　　　　　　　　(*예외 1그룹)

❺ 2時に映画を（　　　　　　　　　　）。
2시에 영화를 볼 예정이다.　　　　　　　　　　　💡見る 보다

새 단어

晩ごはん 저녁 ｜ サラダ 샐러드 ｜ 冬休み 겨울 방학 ｜ ～時 ~시 ｜ 早く 일찍 ｜ 映画 영화

3 다음 문장을 일본어로 작성해 보세요.

❶ _____。
　아르바이트를 그만둘 생각이다.

💡 アルバイト 아르바이트,
　 やめる 그만두다

❷ _____。
　콘서트는 6시에 끝날 예정이다.

💡 コンサート 콘서트,
　 ~時 ~시, 終わる 끝나다

❸ _____。
　내일, 부모님이 일본에 올 예정입니다.

💡 明日 내일, 両親 부모님,
　 日本 일본, 来る 오다

JLPT 기출변형 맛보기

문법형식 판단 유형

1 다음 중 (　)에 무엇을 넣습니까? 1·2·3·4에서 가장 적절한 것을 한 개 골라 주세요.

1 先生に（　　　）つもりだ。 선생님에게 이야기할 생각이다.

　1 話せ　　　2 話し　　　3 話さ　　　4 話す

2 授業は3時に（　　　）予定だ。 수업은 3시에 끝날 예정이다.

　1 終わる　　2 終わり　　3 終わら　　4 終わった

문장 만들기 유형

2 ★ 에 들어갈 것은 무엇입니까? 1·2·3·4에서 가장 적절한 것을 한 개 골라 주세요.

1 明日は家族で遊園地____ ____ ★ ____ 。 내일은 가족끼리 놀이 공원에 갈 예정이다.

　1 だ　　　　2 に　　　　3 予定　　　4 行く

2 田舎に家____ ★ ____ ____ 。 시골에 집을 지을 생각이다.

　1 つもり　　2 建てる　　3 を　　　　4 だ

'~(할) 수 있다'라는 의미의 가능형

이번 챕터에서는 동사를 가능형(~(할) 수 있다)으로
만드는 두 가지 방법에 대해 배워봅시다.
동사 가능형 앞에서는 조사 を대신 が를 써야 한다는 점에 주의해야 해요.

핵심 포인트 | **명사 + ができる**
~을/를 할 수 있다

'~을/를 할 수 있다'라고 할 때 できる(할 수 있다) 앞에 조사 '을/를'은 を대신 が를 써야 해요.

| 日本語
일본어 | を̶ が
을/를 | + | できる
할 수 있다 |

できる(할 수 있다)는 2그룹 동사이므로 마지막 글자인 る를 삭제한 후 ます、ません、ない 등을 붙여서 존댓말이나 부정형으로 활용할 수 있어요.

| でき~~る~~
할 수 있다 | + | ます
ません
ない | → | できます
~(할) 수 있습니다
できません
~(할) 수 없습니다
できない
~(할) 수 없다 |

🌱 자주 쓰이는 예문 연습

Track 30-1

- インベさんはドイツ語ができる。
  인베 씨는 독일어를 할 수 있다.

- 田口さんは中国語ができない。
  다구치 씨는 중국어를 할 수 없다.

새 단어
ドイツ語 독일어
中国語 중국어
フランス語 프랑스어

🌱 처음 회화

A 鈴木さんはフランス語ができますか。
스즈키 씨는 프랑스어를 할 수 있습니까?

B いいえ、できません。
아니요, 할 수 없습니다.

핵심포인트 | 동사 기본형 + ことができる
~(하)는 것을 할 수 있다(=~(할) 수 있다)

동사 기본형 뒤에 ことができる를 붙이면 '~(하)는 것을 할 수 있다', 즉, '~(할) 수 있다'라는 의미의 가능형이 돼요.

* こと는 '것'이라는 의미의 명사예요.

| 読む 읽다 | + | ことができる ~(할) 수 있다 | → | 読むことができる 읽을 수 있다 |

ことができる(~(할) 수 있다)에서 できる가 2그룹 동사이므로 마지막 글자인 る를 삭제한 후 ます, ません, ない 등을 붙여서 존댓말이나 부정형으로 활용할 수 있어요.

| ことでき~~る~~ ~(할) 수 있다 | + | ます ません ない | → | ことができます ~(할) 수 있습니다
ことができません ~(할) 수 없습니다
ことができない ~(할) 수 없다 |

🌱 자주 쓰이는 동사 연습

- 日本語でメールを書くことができる。
  일본어로 메일을 쓸 수 있다.

- 一人で運ぶことができません。
  혼자서 옮길 수 없습니다.

書く 쓰다

運ぶ 옮기다

새 단어
日本語 일본어
~で ~로, ~으로
メール 메일
一人で 혼자서
運転 운전

🌱 처음 회화

Ⓐ 田中さんは運転することができますか。
다나카 씨는 운전할 수 있습니까?

Ⓑ はい、運転することができます。
네, 운전할 수 있습니다.

する 하다

Chapter 30 '~(할) 수 있다'라는 의미의 가능형 **199**

핵심 포인트 | 1그룹 동사의 가능형
~(할) 수 있다

마지막 글자인 う단을 え단으로 바꾼 후 る를 붙이면 '~(할) 수 있다'라는 의미의 가능형이 돼요.

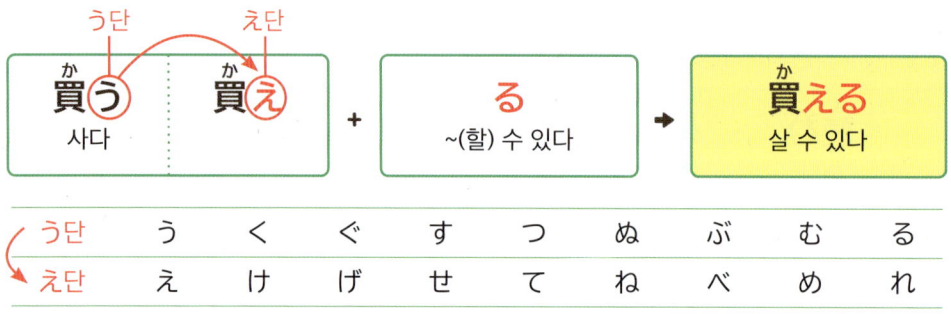

う단	う	く	ぐ	す	つ	ぬ	ぶ	む	る
え단	え	け	げ	せ	て	ね	べ	め	れ

🌱 자주 쓰이는 동사 연습

飲む 마시다	使う 사용하다	飼う 기르다

새 단어
- コーヒー 커피
- この 이
- 店 가게
- ～では ~에서는
- カード 카드
- ここ 여기
- ペット 애완동물
- 漢字 한자
- ～も ~도

- コーヒーが飲める。 커피를 **마실 수 있다**.
- この店ではカードが使える。 이 가게에서는 카드를 **사용할 수 있다**.
- ここではペットが飼える。 여기에서는 애완동물을 **기를 수 있다**.

🌱 처음 회화

Ⓐ ハンナちゃんはひらがなが読める？
한나짱은 히라가나를 **읽을 수 있어**?

Ⓑ うん、読める！漢字も読める！
응, **읽을 수 있어**! 한자도 **읽을 수 있어**!

핵심포인트  2. 3그룹 동사의 가능형
~(할) 수 있다

2그룹 동사

마지막 글자인 る를 삭제한 후 られる를 붙이면 '~(할) 수 있다'라는 의미의 가능형이 돼요.

| 決め~~る~~ 정하다 | + | られる ~(할) 수 있다 | → | 決められる 정할 수 있다 |

3그룹 동사

| する 하다 | → | できる 할 수 있다 | | 来る 오다 | → | 来られる 올 수 있다 |

🌱 자주 쓰이는 동사 연습

| 預ける 맡기다 | 起きる 일어나다 | する 하다 |

- 荷物が預けられる。　　짐을 **맡길 수 있다**.
- 朝早く起きられる。　　아침 일찍 **일어날 수 있다**.
- 大学生はアルバイトができる。　대학생은 아르바이트**를 할 수 있다**.

새 단어
荷物 짐
アルバイト 아르바이트

🌱 처음 회화

Ⓐ 明日来られる？
　 내일 올 수 있어?

Ⓑ うん、行ける！
　 응, 갈 수 있어!

1 다음 제시된 동사를 두 가지 형태의 가능형으로 바꾸어 표를 채워보세요.

	~ことができる ~(할) 수 있다	가능형 ~(할) 수 있다
買う 사다	①	②
話す 이야기하다	③	④
行く 가다	⑤	⑥
出かける 나가다	⑦	⑧
来る 오다	⑨	⑩

2 다음 문장에서 빈 칸에 들어갈 말을 써 보세요.

❶ まだキャンセル（　　　　　　　　　）。
아직 취소를 할 수 있다.　　　　　　💡する 하다

❷ 一人で着物を（　　　　　　　　　）。
혼자서 기모노를 입을 수 있다.　　　💡着る 입다

❸ 質問に（　　　　　　　　　）。
질문에 대답할 수 있다.　　　　　　💡答える 대답하다

❹ 日本語ですらすら（　　　　　　　　　）。
일본어로 술술 이야기할 수 있다.　　💡話す 이야기하다

❺ コンビニで薬を（　　　　　　　　　）。
편의점에서 약을 살 수 있다.　　　　💡買う 사다

새 단어

まだ 아직 | キャンセル 취소 | 一人で 혼자서 | 着物 기모노 | 質問 질문 | 日本語 일본어 | すらすら 술술 | コンビニ 편의점 | 薬 약

3 다음 문장을 일본어로 작성해 보세요.

① _____。

일본어로 메일을 쓸 수 있다.

② _____。

아침 일찍 일어날 수 있다.

③ _____。

대학생은 아르바이트를 할 수 있다.

💡 日本語 일본어, メール 메일, 書く 쓰다

💡 朝 아침, 早く 일찍, 起きる 일어나다

💡 大学生 대학생, アルバイト 아르바이트, する 하다

JLPT 기출변형 맛보기

문법형식 판단 유형

1 다음 중 (　)에 무엇을 넣습니까? 1·2·3·4에서 가장 적절한 것을 한 개 골라 주세요.

1 色んな方法（　　　）。 다양한 방법을 생각할 수 있다.

　1 を考えれる　　2 が考えれる　　3 を考えられる　　4 が考えられる

2 この試合は（　　　）。 이 시합은 이길 수 있다.

　1 勝てる　　2 勝ちる　　3 勝たる　　4 勝てられる

문장 만들기 유형

2 ★ 에 들어갈 것은 무엇입니까? 1·2·3·4에서 가장 적절한 것을 한 개 골라 주세요.

1 この薬で簡単に ____ ____ ★ ____ 。 이 약으로 간단하게 살을 뺄 수 있다.

　1 が　　2 こと　　3 できる　　4 やせる

2 私は富士山に ____ ★ ____ ____ 。 나는 후지산에 오를 수 있다.

　1 こと　　2 登る　　3 できる　　4 が

Chapter 30 '~(할) 수 있다'라는 의미의 가능형　**203**

Chapter 21~30 중간평가

🍃 괄호 안의 단어를 활용하여 문장을 완성해 보세요.

❶ ソウルに [　　　　　　　]。　　　〔住む〕
　서울에 살고 있습니다.

❷ テーブルを [　　　　　　　]。　　　〔片づける〕
　테이블을 정리해 주세요.

❸ 昨日家に友だちが [　　　　　　　]。　　　〔来る〕
　어제 집에 친구가 왔다.

❹ お水をたくさん [　　　　　　　]。　　　〔飲む〕
　물을 많이 마시는 편이 좋습니다.

❺ 心配 [　　　　　　　]。　　　〔する〕
　걱정하지 말아 주세요.

❻ 将来、[　　　　　　　]。　　　〔医者〕
　장래에, 의사가 되고 싶다.

❼ 前に [　　　　　　　]。　　　〔進む〕
　앞으로 나아가라.

❽ もうそろそろ [　　　　　　　]。　　　〔帰る〕
　이제 슬슬 돌아가자.

❾ 晩ごはんはサラダを [　　　　　　　]。　　　〔食べる〕
　저녁은 샐러드를 먹을 생각이다.

❿ 質問に [　　　　　　　]。　　　〔答える〕
　질문에 대답할 수 있다.

핵심 문장 연습

🍃 다음 한국어 문장을 일본어로 말해보세요.

❶ 샌드위치를 만들어서 먹다. 　　　　Chapter 21로 돌아가기

❷ 장난을 그만둬 주세요. 　　　　Chapter 22로 돌아가기

❸ 야채를 씻었다. 　　　　Chapter 23로 돌아가기

❹ 매일 운동장을 걷거나, 뛰거나 합니다. 　　　　Chapter 24로 돌아가기

❺ 백화점에서 아무것도 사지 않고 왔다. 　　　　Chapter 025로 돌아가기

❻ 올해 대학생이 되었습니다. 　　　　Chapter 26로 돌아가기

❼ 약속을 꼭 지켜라. 　　　　Chapter 27로 돌아가기

❽ 더 연습을 해야지/하자. 　　　　Chapter 28로 돌아가기

❾ 여름 방학에는 유럽에 갈 생각이다. 　　　　Chapter 29로 돌아가기

❿ 일본어로 메일을 쓸 수 있다. 　　　　Chapter 30로 돌아가기

부족한 부분은 해당하는 챕터로 돌아가서 복습하세요. ☺

Chapter 01

1

① 大学生です	대학생입니다
② 大学生でした	대학생이었습니다
③ 大学生じゃないです	대학생이 아닙니다
④ 高校生です	고등학생입니다
⑤ 高校生でした	고등학생이었습니다
⑥ 高校生じゃないです	고등학생이 아닙니다
⑦ 中学生です	중학생입니다
⑧ 中学生でした	중학생이었습니다
⑨ 中学生じゃないです	중학생이 아닙니다

2

❶ トイレじゃなかったです/
   トイレではなかったです/
   トイレじゃありませんでした/
   トイレではありませんでした
❷ 本です
❸ 100円でした
❹ さいふじゃなかったです/
   さいふではなかったです/
   さいふじゃありませんでした/
   さいふではありませんでした
❺ 兄弟じゃないです/
   兄弟ではないです/
   兄弟じゃありません/
   兄弟ではありません

3

❶ 父は先生です。
❷ 昨日は休みでした。
❸ 彼女は日本人じゃないです。/
   彼女は日本人ではないです。/
   彼女は日本人じゃありません。/
   彼女は日本人ではありません。

JLPT 기출변형 맛보기

1

1 4
2 1

2

1 1
2 2

Chapter 02

1

① コーヒーだった	커피였다
② コーヒーじゃない	커피가 아니다
③ コーヒーじゃなかった	커피가 아니었다
④ 先生だった	선생님이었다
⑤ 先生じゃない	선생님이 아니다
⑥ 先生じゃなかった	선생님이 아니었다
⑦ 宿題だった	숙제였다
⑧ 宿題じゃない	숙제가 아니다
⑨ 宿題じゃなかった	숙제가 아니었다

2

❶ パスタだった
❷ 入口じゃない/
入口ではない
❸ 外国人だ
❹ しおじゃなかった/
しおではなかった
❺ 会社員じゃない/
会社員ではない

3

❶ 私の友だちだ。
❷ 昨日は飲み会だった。
❸ 父の車じゃなかった。/
父の車ではなかった。

JLPT 기출변형 맛보기

1

1️⃣ 4
2️⃣ 2

2

1️⃣ 3
2️⃣ 1

Chapter 03

1

① ここ 이곳, 여기
② こちら/こっち 이쪽
③ それ 그것
④ その 그
⑤ あそこ 저곳, 저기
⑥ あちら/あっち 저쪽
⑦ あの 저
⑧ どれ 어느 것
⑨ どちら/どっち 어느 쪽
⑩ どの 어느

2

❶ それ
❷ この
❸ どちら/どっち
❹ どこ
❺ あの

3

❶ あれは何ですか。
❷ そこは私の席です。
❸ こちらは私の夫です。

JLPT 기출변형 맛보기

1

1 2
2 1

2

1 4
2 4

Chapter 04

1

① ある
② ない
③ あった
④ なかった
⑤ あります
⑥ ありません
⑦ ありました
⑧ ありませんでした

2

❶ ありません
❷ あります
❸ あった
❹ ありませんでした
❺ なかった

3

❶ つくえがある。
❷ 消しゴムがない。
❸ 学校の前に本屋がありました。

JLPT 기출변형 맛보기

1

□1 3
□2 4

2

□1 1
□2 4

Chapter 05

1

① いる
② いない
③ いた
④ いなかった
⑤ います
⑥ いません
⑦ いました
⑧ いませんでした

2

❶ いない
❷ います
❸ いませんでした
❹ いた
❺ いました

3

❶ うさぎがいる。
❷ お店にお客さんがいなかった。
❸ デパートに人がたくさんいました。

JLPT 기출변형 맛보기

1

□1 3
□2 2

2

□1 3
□2 4

Chapter 06

1

① いっぷん	1분
② ひとり	1인, 1명
③ さんじ	3시
④ みっつ	셋
⑤ いつつ	다섯
⑥ ごこ	5개
⑦ ななふん	7분
⑧ しちにん/ななにん	7인, 7명
⑨ くじ	9시
⑩ きゅうふん	9분

2

❶ はちにん
❷ よじ
❸ ろっこ
❹ じゅっぷん
❺ ろくにん

3

❶ 映画(えいが)はにじじゅっぷんからよじまでです。
❷ チーズケーキひとつください。
❸ クラスに外国人(がいこくじん)がよにんいます。

JLPT 기출변형 맛보기

1

[1] 3
[2] 2

2

[1] 1
[2] 4

Chapter 07

1

① いちがつ	1월
② しちがつ	7월
③ はちがつ	8월
④ じゅうにがつ	12월
⑤ ふつか	2일
⑥ ここのか	9일
⑦ じゅうよっか	14일
⑧ にじゅうごにち	25일
⑨ もくようび	목요일
⑩ にちようび	일요일

2

❶ げつようび

❷ じゅうがつ　とおか

❸ むいか

❹ すいようび

❺ ろくがつ　じゅうににち

3

❶ 日本の花見はさんがつからだ。

❷ はつかから夏休みです。

❸ えんそくはかようびです。

JLPT 기출변형 맛보기

1

① 3

② 4

2

① 3

② 3

Chapter 08

1

① おいしかった 맛있었다
② おいしくなかった 맛있지 않았다
③ かわいくない 귀엽지 않다
④ かわいくなかった 귀엽지 않았다
⑤ 安(やす)かった 쌌다
⑥ 安(やす)くない 싸지 않다
⑦ 大(おお)きかった 컸다
⑧ 大(おお)きくなかった 크지 않았다
⑨ 少(すく)なくない 적지 않다
⑩ 少(すく)なくなかった 적지 않았다

2

❶ 辛くない
❷ 近かった
❸ 寒くなかった
❹ くらくない
❺ 広(ひろ)かった

3

❶ あの店(みせ)はねだんが高(たか)かった。
❷ そのズボンは私(わたし)に小(ちい)さくない。
❸ 月曜日(げつようび)は人(ひと)が多(おお)くなかった。

JLPT 기출변형 맛보기

1

1 2
2 4

2

1 4
2 3

Chapter 09

1

① 涼しかったです	시원했습니다
② 涼しくないです	시원하지 않습니다
③ 涼しくなかったです	시원하지 않았습니다
④ 暑かったです	더웠습니다
⑤ 暑くないです	덥지 않습니다
⑥ 暑くなかったです	덥지 않았습니다
⑦ 速かったです	빨랐습니다
⑧ 速くないです	빠르지 않습니다
⑨ 速くなかったです	빠르지 않았습니다

2

❶ 面白くなかったです/
　面白くありませんでした
❷ 強くないです/
　強くありません
❸ 高かったです
❹ かたくないです/
　かたくありません
❺ おいしくなかったです/
　おいしくありませんでした

3

❶ 日本の春は暖かいです。
❷ 昨日は天気がよかったです。
❸ あの店は古くなかったです。/
　あの店は古くありませんでした。

JLPT 기출변형 맛보기

1

1 1
2 3

2

1 2
2 4

Chapter 10

1

① 近くて 가깝고, 가까워서
② 近く 가깝게
③ 近くなる 가까워지다
④ 遠くて 멀고, 멀어서
⑤ 遠く 멀게
⑥ 遠くなる 멀어지다
⑦ 強くて 강하고, 강해서
⑧ 強く 강하게
⑨ 強くなる 강해지다

2

① 弱く
② 白い
③ くらくなる
④ やさしくて
⑤ 安くておいしい

3

① 森さんのねこは、くろいねこです。
② あのホテルは広くて高い。
③ このピザすごくおいしい！

JLPT 기출변형 맛보기

1

1 3
2 1

2

1 3
2 1

중간 평가

① 先生でした
② 弟だ
③ ここ
④ 6時
⑤ 10月
⑥ 広くなかった
⑦ 甘くないです/甘くありません
⑧ います
⑨ ありません
⑩ 大きくて

Chapter 11

1

① 元気だった 건강했다
② 元気じゃない 건강하지 않다
③ 元気じゃなかった 건강하지 않았다
④ きれいだった 깨끗했다
⑤ きれいじゃない 깨끗하지 않다
⑥ きれいじゃなかった 깨끗하지 않았다
⑦ しんせつだった 친절했다
⑧ しんせつじゃない 친절하지 않다
⑨ しんせつじゃなかった 친절하지 않았다

2

❶ 大丈夫だった
❷ 必要じゃない/
必要ではない
❸ 楽じゃなかった/
楽ではなかった
❹ 上手だった
❺ 静かじゃない/
静かではない

3

❶ 吉田さんはとても真面目だった。
❷ 英語のテストはかんたんじゃない。
❸ そのテーブルは丈夫じゃなかった。

JLPT 기출변형 맛보기

1

1 4
2 3

2

1 4
2 2

Chapter 12

1

① 重要でした	중요했습니다
② 重要じゃないです	중요하지 않습니다
③ 重要じゃなかったです	중요하지 않았습니다
④ 安全でした	안전했습니다
⑤ 安全じゃないです	안전하지 않습니다
⑥ 安全じゃなかったです	안전하지 않았습니다
⑦ 必要でした	필요했습니다
⑧ 必要じゃないです	필요하지 않습니다
⑨ 必要じゃなかったです	필요하지 않았습니다

2

❶ きれいじゃなかったです/
きれいではなかったです/
きれいじゃありませんでした/
きれいではありませんでした
❷ 静かでした
❸ かんたんじゃなかったです/
かんたんではなかったです/
かんたんじゃありませんでした/
かんたんではありませんでした
❹ 便利じゃないです/
便利ではないです/
便利じゃありません/
便利ではありません
❺ 同じでした

3

❶ もう大丈夫です。
❷ 渋谷はとてもにぎやかでした。
❸ このくつは楽じゃないです。

JLPT 기출변형 맛보기

1

1 1

2 4

2

1 2

2 3

Chapter 13

1

① しあわせで
행복하고, 행복해서

② しあわせに
행복하게

③ しんせんに
신선하게

④ しんせんになる
신선해지다

⑤ 上手で
잘하고, 잘해서

⑥ 上手になる
잘하게 되다

⑦ 好きで
좋아하고, 좋아해서

⑧ 好きになる
좋아하게 되다

⑨ しずかで
조용하고, 조용해서

⑩ しずかに
조용하게

2

❶ おしゃれな

❷ ふくざつで

❸ 丈夫になる

❹ 楽な

❺ きれいで

3

❶ 日本の有名な歌手です。

❷ 真面目でやさしい人です。

❸ 自分の考えを正直に言う。

JLPT 기출변형 맛보기

1

1 3

2 1

2

1 4

2 2

Chapter 14

1

① が好きだ
② が嫌いだ
③ が得意だ
④ が上手だ
⑤ が下手だ
⑥ が苦手だ

2

❶ が得意です
❷ が好きです
❸ が上手だ
❹ が嫌いだ
❺ が苦手だ

3

❶ サッカーが好きだ。
❷ 田口さんは料理が上手です。
❸ 部長は歌が苦手だ。

JLPT 기출변형 맛보기

1

1 4
2 2

2

1 3
2 3

Chapter 15

1

① 子どもだが	아이지만
② 子どもだけど	아이지만
③ 子どもだけ	아이만
④ 子どもしか	아이밖에
⑤ おいしいが	맛있지만
⑥ おいしいけど	맛있지만
⑦ おいしいだけ	맛있는 만큼
⑧ 好きだが	좋아하지만
⑨ 好きだけど	좋아하지만
⑩ 好きなだけ	좋아하는 만큼

2

❶ 部屋だけ
❷ せまいだけ
❸ 高いが/高いけど
❹ ここしか
❺ 夏ですが/夏ですけど

3

❶ この椅子は安いが、丈夫だ。
❷ このレストランは有名なだけ人が多い！
❸ れいぞうこに牛乳しかない。

JLPT 기출변형 맛보기

1

1 4

2 3

2

1 1

2 3

Chapter 16

1

① 1그룹
② 1그룹
③ 예외 1그룹
④ 2그룹
⑤ 3그룹
⑥ 1그룹
⑦ 2그룹
⑧ 3그룹
⑨ 1그룹
⑩ 1그룹

2

❶ まつ
❷ きる
❸ たべる
❹ あそぶ
❺ 来る

3

❶ 学校にいく。
❷ 友だちと映画をみる。
❸ JLPTに合格する。

JLPT 기출변형 맛보기

1

1 2

2 3

2

1 3

2 1

Chapter 17

1

① 買います
　삽니다

② 買いません
　사지 않습니다

③ 話します
　이야기합니다

④ 話しません
　이야기하지 않습니다

⑤ 帰ります
　돌아갑니다

⑥ 帰りません
　돌아가지 않습니다

⑦ 出かけます
　나갑니다

⑧ 出かけません
　나가지 않습니다

⑨ 来ます
　옵니다

⑩ 来ません
　오지 않습니다

2

❶ 洗います
❷ しません
❸ 降ります
❹ 行きません
❺ 着ます

3

❶ 本を読みます。
❷ 毎日、日本語の勉強をします。
❸ 朝ごはんは食べません。

JLPT 기출변형 맛보기

1

1 3
2 3

2

1 2
2 4

Chapter 18

1

① 待ちました	기다렸습니다
② 待ちませんでした	기다리지 않았습니다
③ 待ちましょう	기다립시다
④ 始めました	시작했습니다
⑤ 始めませんでした	시작하지 않았습니다
⑥ 始めましょう	시작합시다
⑦ しました	했습니다
⑧ しませんでした	하지 않았습니다
⑨ しましょう	합시다

2

❶ 急ぎましょう
❷ 食べました
❸ 行きましょうか
❹ しませんでした
❺ 会いましょう

3

❶ 宿題を出しました。
❷ 木村さんは授業に来ませんでした。
❸ 窓を少し開けましょうか。

JLPT 기출변형 맛보기

1

1 3

2 4

2

1 2

2 2

Chapter 19

1

① 買いに行く 사러 가다
② 買いに来る 사러 오다
③ 話しに行く 이야기하러 가다
④ 話しに来る 이야기하러 오다
⑤ 食べに行く 먹으러 가다
⑥ 食べに来る 먹으러 오다
⑦ しに行く 하러 가다
⑧ しに来る 하러 오다

2

❶ 買いに行く
❷ 学びに行きます
❸ 返しに来る
❹ すてに行きました
❺ しに来ましょう

3

❶ 本を借りに行く。
❷ 図書館に宿題をしに来る。
❸ 今、会いに行きます。

JLPT 기출변형 맛보기

1

1 2
2 3

2

1 2
2 3

Chapter 20

1

① 買いたい	사고 싶다
② 話したい	이야기하고 싶다
③ 帰りたい	돌아가고 싶다
④ 来たい	오고 싶다
⑤ ほしい	
⑥ ほしかった	
⑦ ほしくない	
⑧ ほしくなかった	
⑨ ほしいです	

2

❶ 買いたい
❷ 食べたいです
❸ がほしいです
❹ 休みたかった
❺ したくない

3

❶ 東京で住みたい。
❷ あの時計がほしい。
❸ ちょっと時間がほしいです。

JLPT 기출변형 맛보기

1

1 2

2 4

2

1 4

2 3

중간 평가

❶ 必要じゃない/必要ではない	
❷ 静かでした	
❸ 丈夫になる	
❹ が好きです	
❺ 高いが/高いけど	
❻ 降ります	
❼ 洗います	
❽ 急ぎましょう	
❾ 買いに行く	
❿ がほしいです	

Chapter 21

1

① 買(か)って	사고, 사서
② 買(か)っている	사고 있다
③ 買(か)っています	사고 있습니다
④ 話(はな)して	이야기하고, 이야기해서
⑤ 話(はな)している	이야기하고 있다
⑥ 話(はな)しています	이야기하고 있습니다
⑦ 食(た)べて	먹고, 먹어서
⑧ 食(た)べている	먹고 있다
⑨ 食(た)べています	먹고 있습니다
⑩ 来(き)て	오고, 와서
⑪ 来(き)ている	오고 있다
⑫ 来(き)ています	오고 있습니다

2

❶ 移(うつ)して
❷ 住(す)んでいます
❸ きいている
❹ 着(き)て
❺ しています

3

❶ 傘(かさ)を持(も)って行(い)く。
❷ むすこは部屋(へや)で宿題(しゅくだい)をしている。
❸ 父(ちち)はリビングでテレビを見(み)ています。

JLPT 기출변형 맛보기

1

1 2
2 4

2

1 3
2 3

Chapter 22

1

① 話してください	이야기해 주세요
② 話しなさい	이야기해라, 이야기하세요
③ 帰ってください	돌아가 주세요
④ 帰りなさい	돌아가라, 돌아가세요
⑤ 見てください	봐 주세요
⑥ 見なさい	봐라, 보세요
⑦ してください	해 주세요
⑧ しなさい	해라, 하세요

2

❶ 片付けてください
❷ 急ぎなさい
❸ 戻りなさい
❹ してください
❺ 開けてください

3

❶ ちょっと待ってください。
❷ いたずらをやめてください。
❸ 早く来なさい。

JLPT 기출변형 맛보기

1

1 3
2 1

2

1 4
2 3

Chapter 23

1

① 話した 이야기했다
② 話したことがある 이야기한 적이 있다
③ 行った 갔다
④ 行ったことがある 간 적이 있다
⑤ 食べた 먹었다
⑥ 食べたことがある 먹은 적이 있다
⑦ 来た 왔다
⑧ 来たことがある 온 적이 있다

2

❶ 住んだ
❷ 忘れた
❸ 泳いだことがある
❹ 来た
❺ 見たことがある

3

❶ 母は学校で日本語を教えた。
❷ 大阪に行ったことがある。
❸ アメリカで留学したことがある。

JLPT 기출변형 맛보기

1

1 3
2 2

2

1 1
2 4

Chapter 24

1

① 買った方がいい 사는 편이 좋다
② 話した方がいい 이야기하는 편이 좋다
③ 行った方がいい 가는 편이 좋다
④ 出かけた方がいい 나가는 편이 좋다
⑤ 来た方がいい 오는 편이 좋다

2

❶ 食べた方がいい
❷ 泳いだり、休んだりしました
❸ さした方がいい
❹ したり、したりした
❺ 飲んだ方がいいです

3

❶ 休みの日は本を読んだり、テレビを見たりする。
❷ そのレストランは予約をした方がいい。
❸ もっと早く寝た方がいいです。

JLPT 기출변형 맛보기

1

1 4
2 4

2

1 2
2 1

Chapter 25

1

① 買わない 사지 않다
② 買わないでください 사지 말아 주세요
③ 話さない 이야기하지 않다
④ 話さないでください 이야기하지 말아 주세요
⑤ 行かない 가지 않다
⑥ 行かないでください 가지 말아 주세요
⑦ 出かけない 나가지 않다
⑧ 出かけないでください 나가지 말아 주세요
⑨ しない 하지 않다
⑩ しないでください 하지 말아 주세요

2

❶ 来ない
❷ 着ないで
❸ しないでください
❹ 笑わない
❺ 寝ないでください

3

❶ お酒を飲まない。
❷ 彼は連絡もしないで来た。
❸ ここにゴミを捨てないでください。

JLPT 기출변형 맛보기

1

1 4
2 2

2

1 1
2 4

Chapter 26

1

① 先生になりました	선생님이 되었습니다
② 先生になりたい	선생님이 되고 싶다
③ 先生になった	선생님이 됐다
④ 丈夫になりました	튼튼해졌습니다
⑤ 丈夫になりたい	튼튼해지고 싶다
⑥ 丈夫になった	튼튼해졌다
⑦ 冷たくしました	차갑게 했습니다
⑧ 冷たくしたい	차갑게 하고 싶다
⑨ 冷たくした	차갑게 했다

2

❶ 暗くなりました
❷ 医者になりたい
❸ 簡単にしました
❹ 便利になった
❺ 辛くした

3

❶ 今年大学生になりました。
❷ 机の上をきれいにしました。
❸ 荷物をもっと軽くしたい。

JLPT 기출변형 맛보기

1

1 4
2 2

2

1 3
2 2

Chapter 27

1

① 買え 사라
② 買うな 사지 마라
③ 話せ 이야기해라
④ 話すな 이야기하지 마라
⑤ 行け 가라
⑥ 行くな 가지 마라
⑦ 出かけろ 나가라
⑧ 出かけるな 나가지 마라
⑨ 来い 와라
⑩ 来るな 오지 마라

2

❶ 進め

❷ するな

❸ やめろ

❹ あきらめるな

❺ 乗れ

3

❶ 約束を必ず守れ。

❷ シートベルトをしめろ。

❸ その事は心配するな。

JLPT 기출변형 맛보기

1

1　4

2　2

2

1　4

2　2

Chapter 28

1

① 買おう	사야지, 사자
② 買おうとする	사려고 하다
③ 話そう	이야기해야지, 이야기하자
④ 話そうとする	이야기하려고 하다
⑤ 行こう	가야지, 가자
⑥ 行こうとする	가려고 하다
⑦ 出かけよう	나가야지, 나가자
⑧ 出かけようとする	나가려고 하다
⑨ 来よう	와야지, 오자
⑩ 来ようとする	오려고 하다

2

❶ 帰ろう
❷ 行こうと思います
❸ 買おうと思っています
❹ 起きよう
❺ しようとします

3

❶ 一緒に歌おう。
❷ 図書館で勉強しようと思う。
❸ ちょっと窓を開けようとする。

JLPT 기출변형 맛보기

1

[1] 3
[2] 2

2

[1] 1
[2] 1

Chapter 29

1

① 買うつもりだ 살 생각이다
② 買う予定だ 살 예정이다
③ 話すつもりだ 이야기할 생각이다
④ 話す予定だ 이야기할 예정이다
⑤ 行くつもりだ 갈 생각이다
⑥ 行く予定だ 갈 예정이다
⑦ 出かけるつもりだ 나갈 생각이다
⑧ 出かける予定だ 나갈 예정이다
⑨ 来るつもりだ 올 생각이다
⑩ 来る予定だ 올 예정이다

2

❶ 食べるつもりだ
❷ 行くつもりだ
❸ 来る予定だ
❹ 帰るつもりだ
❺ 見る予定だ

3

❶ アルバイトをやめるつもりだ。
❷ コンサートは6時に終わる予定だ。
❸ 明日、両親が日本に来る予定です。

JLPT 기출변형 맛보기

1

1 4

2 1

2

1 3

2 2

Chapter 30

1

① 買うことができる	살 수 있다
② 買える	살 수 있다
③ 話すことができる	이야기할 수 있다
④ 話せる	이야기할 수 있다
⑤ 行くことができる	갈 수 있다
⑥ 行ける	갈 수 있다
⑦ 出かけることができる	나갈 수 있다
⑧ 出かけられる	나갈 수 있다
⑨ 来ることができる	올 수 있다
⑩ 来られる	올 수 있다

2

❶ ができる
❷ 着ることができる/
　着られる
❸ 答えることができる/
　答えられる
❹ 話すことができる/
　話せる
❺ 買うことができる/
　買える

3

❶ 日本語でメールを書くことができる。/
　日本語でメールが書ける。
❷ 朝早く起きることができる。/
　朝早く起きられる。
❸ 大学生はアルバイトができる。

JLPT 기출변형 맛보기

1

1 4
2 1

2

1 1
2 1

중간 평가

❶ 住んでいます	
❷ 片付けてください	
❸ 来た	
❹ 飲んだ方がいいです	
❺ しないでください	
❻ 医者になりたい	
❼ 進め	
❽ 帰ろう	
❾ 食べるつもりだ	
❿ 答えることができる/答えられる	

동사 활용표

	기본형 ~(하)다	~ます ~(합)니다	~ました ~(했)습니다	~ません ~(하)지 않습니다	~ませんでした ~(하)지 않았습니다
1그룹	会う 만나다	会います 만납니다	会いました 만났습니다	会いません 만나지 않습니다	会いませんでした 만나지 않았습니다
	行く 가다	行きます 갑니다	行きました 갔습니다	行きません 가지 않습니다	行きませんでした 가지 않았습니다
	泳ぐ 수영하다	泳ぎます 수영합니다	泳ぎました 수영했습니다	泳ぎません 수영하지 않습니다	泳ぎませんでした 수영하지 않았습니다
	話す 이야기하다	話します 이야기합니다	話しました 이야기했습니다	話しません 이야기하지 않습니다	話しませんでした 이야기하지 않았습니다
	待つ 기다리다	待ちます 기다립니다	待ちました 기다렸습니다	待ちません 기다리지 않습니다	待ちませんでした 기다리지 않았습니다
	死ぬ 죽다	死にます 죽습니다	死にました 죽었습니다	死にません 죽지 않습니다	死にませんでした 죽지 않았습니다
	遊ぶ 놀다	遊びます 놉니다	遊びました 놀았습니다	遊びません 놀지 않습니다	遊びませんでした 놀지 않았습니다
	飲む 마시다	飲みます 마십니다	飲みました 마셨습니다	飲みません 마시지 않습니다	飲みませんでした 마시지 않았습니다
	乗る 타다	乗ります 탑니다	乗りました 탔습니다	乗りません 타지 않습니다	乗りませんでした 타지 않았습니다
예외 1그룹	帰る 돌아가다, 돌아오다	帰ります 돌아갑니다, 돌아옵니다	帰りました 돌아갔습니다, 돌아왔습니다	帰りません 돌아가지 않습니다, 돌아오지 않습니다	帰りませんでした 돌아가지 않았습니다, 돌아오지 않았습니다
2그룹	見る 보다	見ます 봅니다	見ました 봤습니다	見ません 보지 않습니다	見ませんでした 보지 않았습니다
	食べる 먹다	食べます 먹습니다	食べました 먹었습니다	食べません 먹지 않습니다	食べませんでした 먹지 않았습니다
3그룹	する 하다	します 합니다	しました 했습니다	しません 하지 않습니다	しませんでした 하지 않았습니다
	来る 오다	来ます 옵니다	来ました 왔습니다	来ません 오지 않습니다	来ませんでした 오지 않았습니다

~ない ~(하)지 않는다		기본형	~て ~(하)고 / ~(해)서	~た ~(했)다
会わない 만나지 않는다	う、つ、る로 끝나는 동사	会う 만나다	会って 만나고/만나서	会った 만났다
行かない 가지 않는다		待つ 기다리다	待って 기다리고/기다려서	待った 기다렸다
泳がない 수영하지 않는다		乗る 타다	乗って 타고/타서	乗った 탔다
話さない 이야기하지 않는다	ぬ、む、ぶ로 끝나는 동사	死ぬ 죽다	死んで 죽고/죽어서	死んだ 죽었다
待たない 기다리지 않는다		飲む 마시다	飲んで 마시고/마셔서	飲んだ 마셨다
死なない 죽지 않는다		遊ぶ 놀다	遊んで 놀고/놀아서	遊んだ 놀았다
遊ばない 놀지 않는다	く、ぐ로 끝나는 동사	聞く 듣다	聞いて 듣고/들어서	聞いた 들었다
飲まない 마시지 않는다		泳ぐ 수영하다	泳いで 수영하고/수영해서	泳いだ 수영했다
乗らない 타지 않는다		※예외 行く 가다	行って 가고/가서	行った 갔다
帰らない 돌아가지 않는다, 돌아오지 않는다	す로 끝나는 동사	話す 이야기하다	話して 이야기하고/이야기해서	話した 이야기했다
見ない 보지 않는다	2그룹	見る 보다	見て 보고/봐서	見た 봤다
食べない 먹지 않는다		食べる 먹다	食べて 먹고/먹어서	食べた 먹었다
しない 하지 않는다	3그룹	する 하다	して 하고/해서	した 했다
来ない 오지 않는다		来る 오다	来て 오고/와서	来た 왔다

MEMO

핵심 문법 쓰기 노트

Chapter 01

명사 정중형(존댓말) 마스터하기 ①

핵심포인트 　～です: ~입니다

<ruby>弟<rt>おとうと</rt></ruby>は<ruby>大学生<rt>だいがくせい</rt></ruby>です。　　　　　　　남동생은 대학생입니다.

<ruby>私<rt>わたし</rt></ruby>は<ruby>会社員<rt>かいしゃいん</rt></ruby>です。　　　　　　　저는 회사원입니다.

핵심포인트 　～でした: ~이었습니다, ~였습니다

<ruby>昨日<rt>きのう</rt></ruby>は<ruby>休<rt>やす</rt></ruby>みでした。　　　　　　　어제는 휴일이었습니다.

<ruby>私<rt>わたし</rt></ruby>の<ruby>誕生日<rt>たんじょうび</rt></ruby>でした。　　　　　　　저의 생일이었습니다.

핵심포인트 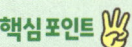 ~じゃないです、じゃありません: ~이(가) 아닙니다

彼は韓国人じゃないです。　　그는 한국인이 아닙니다.

彼女は日本人ではないです。　　그녀는 일본인이 아닙니다.

핵심포인트 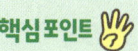 ~じゃなかったです、~じゃありませんでした: ~이(가) 아니었습니다

これはコーヒーじゃなかったです。　이것은 커피가 아니었습니다.

昨日はテストではなかったです。　어제는 시험이 아니었습니다.

Chapter 02 명사 정중형(존댓말) 마스터하기 ②

핵심포인트 　～だ: ~다, ~이다

私(わたし)の友(とも)だちだ。　　　　　　　　　나의 친구다.

山田(やまだ)さんの彼氏(かれし)だ。　　　　　　　야마다 씨의 남자 친구다.

핵심포인트 　～だった: ~이었다, ~였다

一日中(いちにちじゅう)、会議(かいぎ)だった。　　　　　　하루 종일, 회의였다.

昨日(きのう)は飲(の)み会(かい)だった。　　　　　　어제는 회식이었다.

> **핵심 포인트 ✌** ~じゃない: ~이(가) 아니다

私
わたし
の夫
おっと
じゃない。　　　　　　　　　　나의 남편이 아니다.

あの人
ひと
は妻
つま
じゃない。　　　　　　　　　저 사람은 아내가 아니다.

> **핵심 포인트 🖐** ~じゃなかった: ~이(가) 아니었다

父
ちち
の車
くるま
じゃなかった。　　　　　　　아버지의 차가 아니었다.

ここは宿題
しゅくだい
ではなかった。　　　　　　여기는 숙제가 아니었다.

Chapter 03 지시대명사 이·그·저·어느에 해당하는 こ·そ·あ·ど

핵심포인트 ~れ

それは木村(きむら)さんのケータイです。   그것은 기무라 씨의 휴대 전화입니다.

あれは何(なん)ですか。   저것은 무엇입니까?

핵심포인트 ~こ

ここはまだ冬(ふゆ)だ。   이곳은 아직 겨울이다.

そこは私(わたし)の席(せき)です。   거기는 저의 자리입니다.

핵심포인트 6 ～ちら、～っち

こちらは私の夫です。　　　　　　　　이쪽은 저의 남편입니다.

そっちには飲み物がない。　　　　　　그쪽에는 음료가 없다.

핵심포인트 7 ～の

この自転車は森さんのです。　　　　　이 자전거는 모리 씨의 것입니다.

その日は母の誕生日だ。　　　　　　　그 날은 엄마의 생일이다.

Chapter 04 존재 동사 (있다, 없다) 마스터하기 ①

핵심포인트 　ある

つくえがある。　　　　　　　　　책상이 있다.

いすがある。　　　　　　　　　　의자가 있다.

핵심포인트 　上・下/前・後ろ/中・外

テーブルの下にスリッパがある。　테이블 아래에 슬리퍼가 있다.

駅の前にコンビニがある。　　　　역 앞에 편의점이 있다.

핵심포인트 ある、ない、あった、なかった

えんぴつがある。　　　　　　　　　연필이 있다.

消(け)しゴムがない。　　　　　　　　지우개가 없다.

핵심포인트 あります、ありません、ありました、ありませんでした

ジュースがあります。　　　　　　주스가 있습니다.

牛乳(ぎゅうにゅう)がありません。　　　　　　우유가 없습니다.

Chapter 05 존재 동사 (있다, 없다) 마스터하기 ②

핵심포인트 いる

妹がいる。　　　　　　　　　　　　　　여동생이 있다.

弟がいる。　　　　　　　　　　　　　　남동생이 있다.

핵심포인트 横・隣・側 / 近く / 間

森くんの隣に木村くんがいる。　　　　모리 군 옆에 기무라 군이 있다.

レオちゃんはいつも私の側にいる。　　레오 쨩은 항상 내 옆에 있다.

핵심포인트 いる、いない、いた、いなかった

部屋(へや)に虫(むし)がいる。　　　　방에 벌레가 있다.

山本(やまもと)さんは席(せき)にいない。　　　　야마모토 씨는 자리에 없다.

핵심포인트 います、いません、いました、いませんでした

インベさんは会議室(かいぎしつ)にいます。　　　　인배 씨는 회의실에 있습니다.

中村(なかむら)さんは兄弟(きょうだい)がいません。　　　　나카무라 씨는 형제가 없습니다.

Chapter 06 숫자가 들어가는 여러가지 표현(시간・개수・인원수)

핵심포인트 일본어 숫자

わたし でん わ ばんごう
私の電話番号は010-3294-5874です。

제 전화 번호는 010-3294-5874입니다.

いちばん す   すう じ
一番好きな数字は7です。   가장 좋아하는 숫자는 7입니다.

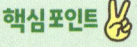

핵심포인트 ～時 ～分

じゅぎょう   ご ぜん   じ
授業は午前10時からです。   수업은 오전 10시부터입니다.

えい が   じ   ぷん   じ
映画は2時10分から4時までです。   영화는 2시 10분부터 4시까지입니다.

핵심 포인트 ~つ、~個

チーズケーキ１つください。　　치즈 케이크 하나 주세요.

れいぞうこにたまごが３個あります。　　냉장고에 계란이 3개 있습니다.

핵심 포인트 ~人

日本人の友だちが一人います。　　일본인 친구가 1명 있습니다.

クラスに外国人が４人います。　　반에 외국인이 4명 있습니다.

Chapter 07 날짜 표현(월・일・요일)

핵심포인트 1 　～月: ～월

日本の花見は3月からだ。　　　　　일본의 벚꽃 축제는 3월부터다.
にほん　はなみ　さんがつ

結婚式は11月です。　　　　　　　결혼식은 11월입니다.
けっこんしき　じゅういちがつ

핵심포인트 2 　～日: ～일

今日は7月5日だ。　　　　　　　　오늘은 7월 5일이다.
きょう　しちがつ　いつか

20日から夏休みです。　　　　　　20일부터 여름 방학입니다.
はつか　　　なつやす

> **핵심포인트** 曜日: ~요일

えんそくは火曜日です。　　　　소풍은 화요일입니다.

宿題は金曜日までです。　　　　숙제는 금요일까지입니다.

> **핵심포인트** 여러가지 날짜 관련 표현

バイトは今月までです。　　　　아르바이트는 이번 달까지입니다.

来週からセールです。　　　　다음 주부터 세일입니다.

Chapter 08 마지막 글자가 い로 끝나는 い형용사 ①

> **핵심 포인트** ～い: ~(하)다

おっと
夫のパスタはとてもおいしい。　　남편의 파스타는 매우 맛있다.

✎

あのかばん、かわいい！　　저 가방, 귀엽다!

✎

> **핵심 포인트** ～かった: ~(했)다

みせ　　　　　　　たか
あの店はねだんが高かった。　　저 가게는 가격이 비쌌다.

✎

　　　　　　　　みせ　いちばんやす
りんごはこの店が一番安かった。　사과는 이 가게가 가장 쌌다.

✎

핵심포인트 ~くない: ~(하)지 않다

私のくつはそんなに大きくない。　　내 신발은 그렇게 크지 않다.

そのズボンは私に小さくない。　　그 바지는 나에게 작지 않다.

핵심포인트 ~くなかった: ~(하)지 않았다

月曜日は人が多くなかった。　　월요일은 사람이 많지 않았다.

食べ物のりょうは少なくなかった。　　음식의 양은 적지 않았다.

Chapter 09 마지막 글자가 い로 끝나는 い형용사 ②

핵심포인트 ～です: ~(합)니다

日本(にほん)の春(はる)は暖(あたた)かいです。　　　　일본의 봄은 따뜻합니다.

韓国(かんこく)の秋(あき)は涼(すず)しいです。　　　　한국의 가을은 시원합니다.

핵심포인트 ～かったです: ~(했)습니다

日本(にほん)の夏(なつ)は暑(あつ)かったです。　　　　일본의 여름은 더웠습니다.

韓国(かんこく)の冬(ふゆ)は寒(さむ)かったです。　　　　한국의 겨울은 추웠습니다.

핵심포인트 ～くないです / ～くありません: ~(하)지 않습니다

人生は長くないです。　　　　　인생은 길지 않습니다.

１年は短くありません。　　　　1년은 짧지 않습니다.

핵심포인트 ～くなかったです / ～くありませんでした: ~(하)지 않았습니다

そこはインターネットの速度が速くなかったです。
그곳은 인터넷 속도가 빠르지 않았습니다.

ビスケットは甘くありませんでした。　　비스킷은 달지 않았습니다

Chapter 10 마지막 글자가 い로 끝나는 い형용사 ③

> **핵심포인트** ～い + 명사: ~(한) + 명사

いちばんちか えき
一番近い駅はどこですか。　　　　　가장 가까운 역은 어디입니까?

ふくおか とうきょう とお ところ
福岡は東京から遠い所だ。　　　　　후쿠오카는 도쿄에서 먼 곳이다.

> **핵심포인트** ～くて: ~(하)고, ~(해)서

ひろ たか
あのホテルは広くて高い。　　　　　저 호텔은 넓고 비싸다.

へ や せま
この部屋は狭くてくらい。　　　　　이 방은 좁고 어둡다.

> 핵심포인트 ~く: ~(하)게

自分のしゅちょうを強く言う。　　자신의 주장을 강하게 말하다.

このピザすごくおいしい！　　이 피자 굉장하게(굉장히) 맛있다!

> 핵심포인트 ~く + なる: ~(하)게 되다, ~(해)지다

顔が赤くなる。　　얼굴이 빨갛게 되다.

勉強が面白くなる。　　공부가 재미있어지다.

Chapter 11 마지막 글자가 だ로 끝나는 な형용사 ①

핵심 포인트 ～だ: ~하다

今日(きょう)は暇(ひま)だ。　　　오늘은 한가하다.

景色(けしき)がすてきだ。　　　경치가 멋지다.

핵심 포인트 ～だった: ~(했)다

数学(すうがく)は昔(むかし)から嫌(きら)いだった。　　　수학은 예전부터 싫어했다.

おじいさんは元気(げんき)だった。　　　할아버지는 건강했다.

핵심포인트 ~じゃない: ~(하)지 않다

弟の部屋はきれいじゃない。 　　　　남동생의 방은 깨끗하지 않다.

この問題はふくざつではない。 　　　이 문제는 복잡하지 않다.

핵심포인트 ~じゃなかった: ~(하)지 않았다

あの店の店員はしんせつじゃなかった。
저 가게의 점원은 친절하지 않았다.

教室は静かじゃなかった。 　　　　　교실은 조용하지 않았다.

Chapter 12 마지막 글자가 だ로 끝나는 な형용사 ②

핵심포인트 👆 ～です : ~(합)니다

もう<ruby>大丈夫<rt>だいじょうぶ</rt></ruby>です。　　　　　　　　이제 괜찮습니다.

きものはハンボクより<ruby>不便<rt>ふ べん</rt></ruby>です。　　기모노는 한복보다 불편합니다.

핵심포인트 ✌ ～でした : ~(했)습니다

<ruby>渋谷<rt>しぶ や</rt></ruby>はとてもにぎやかでした。　　시부야는 매우 북적였습니다.

<ruby>山本<rt>やまもと</rt></ruby>さんと<ruby>誕生日<rt>たんじょう び</rt></ruby>が<ruby>同<rt>おな</rt></ruby>じでした。　　야마모토 씨와 생일이 같았습니다.

> **핵심포인트** ~じゃないです、~じゃありません: ~(하)지 않습니다

このくつは楽(らく)じゃないです。　　　이 신발은 편하지 않습니다.

✏️

その国(くに)は安全(あんぜん)ではないです。　　　그 나라는 안전하지 않습니다.

✏️

> **핵심포인트** ~じゃなかったです、~じゃありませんでした: ~(하)지 않았습니다

時間(じかん)が十分(じゅうぶん)じゃなかったです。　　　시간이 충분하지 않았습니다.

✏️

バイトは大変(たいへん)ではなかったです。　　　아르바이트는 힘들지 않았습니다.

✏️

Chapter 13 마지막 글자가 だ로 끝나는 な형용사 ③

핵심포인트 ~な + 명사: ~(한) + 명사

ここはラーメンで有名な所です。　　여기는 라멘으로 유명한 곳입니다.

昨日はしあわせな一日でした。　　어제는 행복한 하루였습니다.

핵심포인트 ~で: ~(하)고, ~(해)서

この店のやさいはしんせんでおいしい。
이 가게의 야채는 신선하고 맛있다.

おしゃれでかわいい服です。　　세련되고 귀여운 옷입니다.

핵심포인트 〜に: ~(하)게, ~로

自分(じぶん)の考(かんが)えを正直(しょうじき)に言(い)う。　　자신의 생각을 솔직하게 말하다.

ベッドと机(つくえ)のいちを逆(ぎゃく)にする。　　침대와 책상의 위치를 반대로 하다.

핵심포인트 〜に + なる: ~(하)게 되다, ~(해)지다

教室(きょうしつ)が静(しず)かになる。　　교실이 조용해지다.

体(からだ)が丈夫(じょうぶ)になる。　　몸이 튼튼해지다.

Chapter 14 앞에 조사 を 대신 が를 써야 하는 な형용사

핵심포인트 ～が好きだ・～が嫌いだ

野球が好きだ。　　　　　　　　　야구를 좋아한다.

サッカーが好きだ。　　　　　　　축구를 좋아한다.

핵심포인트 ～が上手だ・～が下手だ

インベさんは運転が上手だ。　　　인배 씨는 운전을 잘한다.

田口さんは料理が上手です。　　　다구치 씨는 요리를 잘합니다.

핵심포인트 ~が得意だ・~が苦手だ

私は走りが得意だ。　　　　　　　　나는 달리기를 잘한다.

姉はピアノが得意です。　　　　　　누나는 피아노를 잘합니다(잘칩니다).

핵심포인트 上手だ vs 得意だ / 下手だ vs 苦手だ

ハンナさんは日本語が上手だ。　　　한나 씨는 일본어를 잘한다.

Chapter 15
명사・い형용사・な형용사 뒤에 쓸 수 있는 여러가지 조사

> **핵심포인트** 명사 + ～が/～けど : ~지만, ~입니다만

はるかちゃんはまだ子どもだが、大人しい。
하루카짱은 아직 아이지만, 어른스럽다.

セールですけど、あまり安くないです。
세일입니다만, 그다지 싸지 않습니다.

> **핵심포인트** い형용사・な형용사 + ～が/～けど : ~지만, ~(합)니다만

この椅子は安いが、丈夫だ。   이 의자는 싸지만, 튼튼하다.

タクシーは便利ですが、高いです。 택시는 편리합니다만, 비쌉니다.

> **핵심포인트** 명사・い형용사・な형용사 + ～だけ: ~만, ~뿐, ~(한) 만큼

今日だけセールです。　　　　　　　오늘만 세일입니다.

ここは広いだけ家賃が高い。　　　　여기는 넓은 만큼 집세가 비싸다.

> **핵심포인트** 명사 + ～しか: ~밖에

れいぞうこに牛乳しかない。　　　　냉장고에 우유밖에 없다.

図書館に私しかいない。　　　　　　도서관에 나밖에 없다.

Chapter 16 일본어 동사 익히기

핵심포인트 ✌ 예외 1그룹 동사 익히기

がっこう
学校にいく。　　　　　　　　　　　　　학교에 가다.

✎

ほん
本をよむ。　　　　　　　　　　　　　　책을 읽다.

✎

핵심포인트 ✌ 2그룹 동사, 3그룹 동사 익히기

とも　　えい が
友だちと映画をみる。　　　　　　　　　친구와 영화를 보다.

✎

　　　　　　ごうかく
JLPTに合格する。　　　　　　　　　　 JLPT에 합격하다.

✎

핵심포인트 자주 사용되는 필수 조사 익히기

インベさんはドイツ語も上手だ。　　인베 씨는 독일어도 잘한다.

毎朝、コーヒーをのむ。　　매일 아침, 커피를 마신다.

Chapter 17 존댓말을 만들 때 쓸 수 있는 동사 ます형 ①

핵심포인트 1그룹 동사 + ます | ～ます: ~(합)니다

パンを買（か）います。　　　　　빵을 삽니다.

本（ほん）を読（よ）みます。　　　　　책을 읽습니다.

핵심포인트 2, 3그룹 동사 + ます | ～ます: ~(합)니다

毎朝（あさあさ）、7時（しちじ）に起（お）きます。　　　　　매일 아침, 7시에 일어납니다.

夜（よる）10時前（じゅうじまえ）に寝（ね）ます。　　　　　밤 10시 전에 잡니다.

핵심포인트 2 | 1그룹 동사 + ません | ~ません: ~(하)지 않습니다

日記を書きません。　　　　　　　일기를 쓰지 않습니다.

友だちと話しません。　　　　　　친구와 이야기하지 않습니다.

핵심포인트 3 | 2, 3그룹 동사 + ません | ~ません: ~(하)지 않습니다

朝ごはんは食べません。　　　　　아침밥은 먹지 않습니다.

今日は外に出かけません。　　　　오늘은 밖에 나가지 않습니다.

Chapter 18 존댓말을 만들 때 쓸 수 있는 동사 ます형 ②

핵심포인트 1그룹 동사 + ました | ～ました: ~(했)습니다

服(ふく)を脱(ぬ)ぎました。　　　　　　옷을 벗었습니다.

宿題(しゅくだい)を出(だ)しました。　　　숙제를 냈습니다.

핵심포인트 2, 3그룹 동사 + ました | ～ました: ~(했)습니다

着物(きもの)を着(き)ました。　　　　　기모노를 입었습니다.

学校(がっこう)で日本語(にほんご)を教(おし)えました。　学校에서 일본어를 가르쳤습니다.

> **핵심포인트** 1그룹 동사 + ませんでした | ～ませんでした: ~(하)지 않았습니다

誰にも言いませんでした。 누구에게도 말하지 않았습니다.

席に座りませんでした。 자리에 앉지 않았습니다.

> **핵심포인트** 2, 3그룹 동사 + ませんでした | ～ませんでした: ~(하)지 않았습니다

質問に答えませんでした。 질문에 대답하지 않았습니다

シャワーを浴びませんでした。 샤워를 하지 않았습니다.

Chapter 19 동사 ます형과 함께 쓸 수 있는 표현 ①

> **핵심포인트** 1그룹 동사 + に行く | ～に行く : ～(하)러 가다

友だちと遊びに行く。   친구와 놀러 가다.

トイレに手を洗いに行く。   화장실에 손을 씻으러 가다.

> **핵심포인트** 2, 3그룹 동사 + に行く | ～に行く : ～(하)러 가다

本を借りに行く。   책을 빌리러 가다.

計画を立てに行く。   계획을 세우러 가다.

핵심포인트 1그룹 동사 + に来る | ～に来る: ~(하)러 오다

忘れ物を探しに来る。　　　　　　　　분실물을 찾으러 오다.

写真を撮りに来る。　　　　　　　　　사진을 찍으러 오다.

핵심포인트 2, 3그룹 동사 + に来る | ～に来る: ~(하)러 오다

昼ごはんを食べに来る。　　　　　　　점심밥을 먹으러 오다.

父が空港に迎えに来る。　　　　　　　아버지가 공항에 마중하러 오다.

Chapter 20

동사 ます형과 함께 쓸 수 있는 표현 ②

> **핵심포인트** 👆 ~たい: ~(하)고 싶다

東京で住みたい。   도쿄에서 살고 싶다.

✏️

日本語を教えたい。   일본어를 가르치고 싶다.

✏️

> **핵심포인트** ✌️ ~たい의 다양한 활용 표현

今日は家で休みたかった。   오늘은 집에서 쉬고 싶었다.

✏️

何も食べたくない。   아무것도 먹고 싶지 않다.

✏️

핵심포인트 ~がほしい: ~을(를) 갖고 싶다

新(あたら)しいくつがほしい。   새 신발을 갖고 싶다.

あの時計(とけい)がほしい。   저 시계를 갖고 싶다.

핵심포인트 ~ほしい의 다양한 활용 표현

青色(あおいろ)の傘(かさ)がほしかった。   파란색 우산을 갖고 싶었다.

ちょっと時間(じかん)がほしいです。   잠깐 시간을 갖고 싶습니다.

Chapter 21 '~(하)고, ~(해)서'라는 의미의 동사 て형

핵심포인트 1그룹 동사 + て ① | ～て: ~(하)고, ~(해)서

歌(うた)っておどる。 노래하고 춤추다.

傘(かさ)を持(も)って行(い)く。 우산을 가지고 가다.

핵심포인트 1그룹 동사 + て ② | ～て: ~(하)고, ~(해)서

ペットが死(し)んで悲(かな)しい。 반려동물이 죽어서 슬프다.

本(ほん)を読(よ)んで寝(ね)ました。 책을 읽고 잤습니다.

핵심포인트 1그룹 동사 + て ③ | ~て: ~(하)고, ~(해)서

ケータイを置いて来ました。　　　　　휴대전화를 두고 왔습니다.

急いで学校に行く。　　　　　　　　서둘러서 학교에 가다.

핵심포인트 2, 3그룹 동사 + て | ~て: ~(하)고, ~(해)서

朝起きて新聞を読みます。　　　　　아침에 일어나서 신문을 읽습니다.

ごはんを食べてコーヒーを飲みます。　밥을 먹고 커피를 마십니다.

Chapter 22 동사 て형, ます형과 함께 쓸 수 있는 부탁 표현

핵심포인트 1그룹 동사 + てください | ~てください: ~(해) 주세요

ちょっと待ってください。   　　　잠깐 기다려 주세요.

えんぴつで書いてください。   　　연필로 써 주세요.

핵심포인트 2,3그룹 동사 + てください | ~てください: ~(해) 주세요

いたずらをやめてください。   　　장난을 그만둬 주세요.

こちらを見てください。   　　　　이쪽을 봐 주세요.

핵심포인트 ✌ 1그룹 동사 + なさい | ～なさい: ~(해)라, ~(하)세요

テレビを消しなさい。　　　　　　텔레비전을 꺼라.

✏️

少し急ぎなさい。　　　　　　조금 서둘러라.

✏️

핵심포인트 🖐 2,3그룹 동사 + なさい | ～なさい: ~(해)라, ~(하)세요

質問に答えなさい。　　　　　　질문에 대답해라.

✏️

やさいも食べなさい。　　　　　　야채도 먹어라.

✏️

Chapter 23 '~(했)다'라는 의미의 동사 た형

핵심포인트 1그룹 동사 + た ① | ~た: ~(했)다

野菜を洗った。　　　　　　　　　야채를 씻었다.

✏️

ライバルとの試合で勝った。　　　라이벌과의 시합에서 이겼다.

✏️

핵심포인트 1그룹 동사 + た ② | ~た: ~(했)다

ペットが死んだ。　　　　　　　　반려동물이 죽었다.

✏️

部屋のそうじを頼んだ。　　　　　방 청소를 부탁했다.

✏️

핵심포인트 | 1그룹 동사 + た ③ | ～た: ~(했)다

駅に着いた。　　　　　　　　　　역에 도착했다.

服を脱いだ。　　　　　　　　　　옷을 벗었다.

핵심포인트 | 2, 3그룹 동사 + た | ～た: ~(했)다

今年からタバコをやめた。　　　　올해부터 담배를 끊었다.

母は学校で日本語を教えた。　　　엄마는 학교에서 일본어를 가르쳤다.

Chapter 24 동사 た형과 함께 쓸 수 있는 표현

핵심포인트 ～たり～たりする: ~(하)거나 ~(하)거나 한다

休みの日は本を読んだり、テレビを見たりする。
쉬는 날은 책을 읽거나, 텔레비전을 보거나 한다.

電車の中では音楽を聞いたり、寝たりする。
전철 안에서는 음악을 듣거나, 자거나 한다.

핵심포인트 ～たり～たりする의 활용 표현

毎日グラウンドを歩いたり、走ったりします。
매일 운동장을 걷거나, 뛰거나 합니다.

海で泳いだり、休んだりしました。 바다에서 수영하거나, 쉬거나 했습니다.

> **핵심포인트 ③** ~た方がいい: ~는 편이 좋다

病院に行った方がいい。　　　　병원에 가는 편이 좋다.

朝ごはんを食べた方がいい。　　아침 밥을 먹는 편이 좋다.

> **핵심포인트 ④** ~た方がいい의 활용 표현

薬を飲んだ方がいいです。　　약을 먹는 편이 좋습니다.

窓を開けた方がいいです。　　창문을 여는 편이 좋습니다.

Chapter 25 부정형을 만들 때 쓸 수 있는 동사 ない형

핵심포인트  1그룹 동사 + ない | ～ない: ~(하)지 않다, ~(하)지 않는다

手を洗わない。　　　　　　　　　　　손을 씻지 않다.

お酒を飲まない。　　　　　　　　　　술을 마시지 않는다.

핵심포인트 2, 3그룹 동사 + ない | ～ない: ~(하)지 않다, ~(하)지 않는다

妹は早く起きない。　　　　　　　　　여동생은 일찍 일어나지 않는다.

このコップはよく割れない。　　　　　이 컵은 잘 깨지지 않는다.

핵심포인트 1그룹 동사 + ないで | ～ないで: ~(하)지 않고

デパートで何も買わないで来た。　　백화점에서 아무것도 사지 않고 왔다.

明日は学校に行かないで休む。　　내일은 학교에 가지 않고 쉰다.

핵심포인트 2, 3그룹 동사 + ないで | ～ないで: ~(하)지 않고

昨日は寝ないで勉強した。　　어제는 자지 않고 공부했다.

彼は連絡もしないで来た。　　그는 연락도 하지 않고 왔다.

Chapter 26 명사 な형용사, い형용사와 함께 쓰는 변화 표현

> 핵심포인트 ～になる / ～くなる의 다양한 표현

今年大学生になりました。　　　　올해 대학생이 되었습니다.

もっと元気になりたい。　　　　더 건강해지고 싶다.

> 핵심포인트 명사, な형용사 + にする / い형용사 + くする: ~로 하다, ~(하)게 하다

ケースの色をピンクにする。　　　　케이스 색을 핑크로 하다.

仕事を真面目にする。　　　　일을 성실하게 하다.

> **핵심포인트** ～にする / ～くする의 다양한 표현

机の上をきれいにしました。　　　책상 위를 깨끗하게 했습니다.

荷物をもっと軽くしたい。　　　짐을 좀 더 가볍게 하고 싶다.

Chapter 27

'~(해)라'라는 의미의 명령형 · '(하)지 마라'라는 의미의 금지형

핵심포인트 👆 1그룹 동사의 명령형: ~(해)라

向(む)こうに行(い)け。　　　　　　　　저쪽으로 가라.

✏️

理由(りゆう)をちゃんと話(はな)せ。　　　　　이유를 제대로 이야기해라.

✏️

핵심포인트 ✌️ 2, 3그룹 동사의 명령형: ~(해)라

シートベルトをしめろ。　　　　　　안전벨트를 매라.

✏️

前(まえ)をよく見(み)ろ。　　　　　　　　앞을 잘 봐라.

✏️

> **핵심포인트** **1그룹 동사의 금지형:** ~(하)지 마라

2階に上がるな。　　　　　2층에 올라가지 마라.

🖉

となりの人とさわぐな。　　옆 사람과 떠들지 마라.

🖉

> **핵심포인트** **2, 3그룹 동사의 금지형:** ~(하)지 마라

約束の時間を忘れるな。　　약속 시간을 잊지 마라.

🖉

ここに車を止めるな。　　　여기에 차를 세우지 마라.

🖉

Chapter 28

'~(해)야지, ~(하)자'라는 의미의 의지형

핵심포인트 👆 **1그룹 동사의 의지형:** ~(해)야지, ~(하)자

<ruby>一緒<rt>いっしょ</rt></ruby>に<ruby>歌<rt>うた</rt></ruby>おう。　　　　　　같이 노래해야지/노래하자.

✏️

<ruby>道<rt>みち</rt></ruby>を<ruby>渡<rt>わた</rt></ruby>ろう。　　　　　　길을 건너야지/건너자.

✏️

핵심포인트 ✌️ **2, 3그룹 동사의 의지형:** ~(해)야지, ~(하)자

<ruby>方法<rt>ほうほう</rt></ruby>を<ruby>考<rt>かんが</rt></ruby>えよう。　　　　　방법을 생각해야지/생각하자.

✏️

もっと<ruby>練習<rt>れんしゅう</rt></ruby>をしよう。　　　더 연습을 해야지/하자.

✏️

핵심포인트 의지형 + と思う: ~(하)려고 생각하다

今月は本をたくさん読もうと思う。 이번 달은 책을 많이 읽으려고 생각한다.

12月にJLPTを受けようと思う。 12월에 JLPT를 보려고 생각한다.

핵심포인트 의지형 + と思う의 다양한 활용 표현

昼ごはんはパスタを食べようと思います。
점심은 파스타를 먹으려고 생각합니다.

来年、留学しようと思っています。 내년에, 유학하려고 생각하고 있습니다.

Chapter 29

'~(할) 생각이다'라는 의미의 つもりだ
'~(할) 예정이다'라는 의미의 予定だ

핵심포인트 1그룹 동사의 + つもりだ | ~つもりだ: ~(할) 생각이다, ~(할) 작정이다

週末、自転車を直すつもりだ。　　주말에, 자전거를 고칠 생각이다.

夏休みはヨーロッパに行くつもりだ。　　여름 방학에는 유럽에 갈 생각이다.

핵심포인트 2, 3그룹 동사의 + つもりだ | ~つもりだ: ~(할) 생각이다, ~(할) 작정이다

明日はワンピースを着るつもりだ。　　내일은 원피스를 입을 생각이다.

アルバイトをやめるつもりだ。　　아르바이트를 그만둘 생각이다.

핵심포인트 1그룹 동사 + 予定だ | ～予定だ: ~(할) 예정이다

今月は本をたくさん読もうと思う。　이번 달은 책을 많이 읽으려고 생각한다.

12月にJLPTを受けようと思う。　12월에 JLPT를 보려고 생각한다.

핵심포인트 2, 3그룹 동사 + 予定だ | ～予定だ: ~(할) 예정이다

2時に映画を見る予定だ。　2시에 영화를 볼 예정이다.

来月、JLPTを受ける予定だ。　다음 달, JLPT를 볼 예정이다.

Chapter 30 '~(할) 수 있다'라는 의미의 가능형

핵심포인트 명사 + ができる: ~을/를 할 수 있다

インベさんはドイツ語ができる。　　인배 씨는 독일어를 할 수 있다.

田口さんは中国語ができない。　　다구치 씨는 중국어를 할 수 없다.

핵심포인트 동사 기본형 + ことができる: ~(하)는 것을 할 수 있다

日本語でメールを書くことができる。　　일본어로 메일을 쓸 수 있다.

一人で運ぶことができません。　　혼자서 옮길 수 없습니다.

1그룹 동사의 가능형: ~(할) 수 있다

コーヒーが飲める。 커피를 마실 수 있다.

この店ではカードが使える。 이 가게에서는 카드를 사용할 수 있다.

 2, 3그룹 동사의 가능형: ~(할) 수 있다

荷物が預けられる。 짐을 맡길 수 있다.

大学生はアルバイトができる。 대학생은 아르바이트를 할 수 있다.

MEMO

MEMO

시원스쿨닷컴